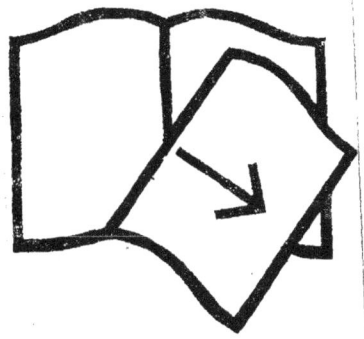

Couverture inférieure manquante

Début d'une série de documents en couleur

UN COMPLICE

DE

RAVAILLAC

ARRÊTÉ A BRUXELLES EN 1616.

NOTICE ET DOCUMENTS PUBLIÉS

Par Jules FINOT,

Archiviste du département du Nord.

LILLE
L. QUARRÉ, LIBRAIRE,
Grand-Place, 64.
—
1886

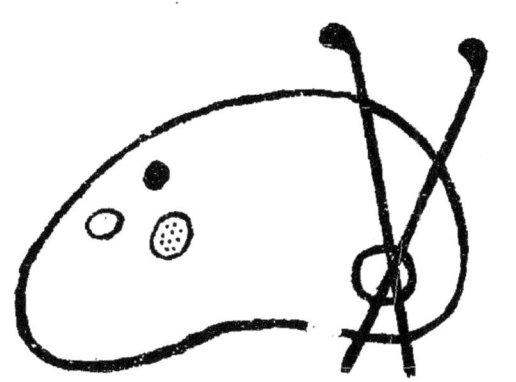

Fin d'une série de documents en couleur

UN COMPLICE DE RAVAILLAC

ARRÊTÉ A BRUXELLES EN 1616.

Extrait des mémoires de la Société des Sciences de Lill., 4° série, tome XV
1886.

UN

COMPLICE DE RAVAILLAC

ARRÊTÉ A BRUXELLES EN 1616.

NOTICE ET DOCUMENTS PUBLIÉS

Par Jules FINOT,

Archiviste du département du Nord.

LILLE
L. QUARRÉ, LIBRAIRE,
Grand-Place, 64.

1886

UN
COMPLICE DE RAVAILLAC

ARRÊTÉ A BRUXELLES EN 1616.

NOTICE & DOCUMENTS PUBLIÉS

Par Jules FINOT,

Archiviste du département du Nord.

I

Au mois de novembre 1616, se trouvait depuis quelques semaines à Bruxelles un individu originaire du comté de Bourgogne, du nom de Servais Oudot, exerçant la profession de marchand ambulant de cuillers d'étain et dont l'existence avait été jusqu'alors très aventureuse. Il logeait dans la maison du sieur Claude Rovyr, sise rue de Haux, où il rencontra un de ses compatriotes, Bertrand de Lettre, marchand à Salins, que ses affaires avoient amené à Bruxelles et qui y avait prolongé son séjour, quoique les Archiducs lui eussent accordé un secours pour regagner son pays (1). S'étant lié avec lui, il ne tarda pas à lui confier les motifs

---

(1) *Archives du Nord*. — Chambre des Comptes. B. 2884. — Compte du Recepveur général des Finances Ambroise Van Oncle, année 1616, f° 379. « Au recepveur général la somme 97 livres, 8 sols, dont 12 livres données par lui à Bertrand de Lestre, marchand de Salins, pour s'en retourner en son pays », au mois d'août 1616.

qui, prétendait-il, avaient nécessité son voyage dans les Pays-Bas. Il lui raconta que, cinq semaines auparavant, il avait quitté son domicile, la Vergenne, seigneurie de Gouhenans, bailliage de Vesoul, parce que deux individus de cette localité, Nicolas Chardin et Thiébaud Bailly étaient venus par trois fois lui présenter un couteau en disant : « Il faut que tu tues le roi d'Espagne ou son Altesse l'archiduc de Brabant. » Pour se débarrasser de leurs obsessions, il leur demanda de l'argent, et, sur leur réponse qu'il devait savoir où il y en avait, il finit par leur déclarer qu'il trouverait bien moyen de faire mourir l'un des deux personnages désignés sans avoir recours au couteau, afin, disait-il, d'en finir avec leurs propositions, de s'échapper de leurs mains et de pouvoir ensuite révéler leur mauvais dessein. Il ajouta que lesdits Nicolas Chardin et Thiébaud Bailly passaient pour sorciers, que le père de l'un d'eux avait été brûlé par arrêt du Parlement de Dôle, et que néanmoins ils avaient pour protecteur le seigneur du château de Gouhenans. Il les accusa aussi d'avoir commis plusieurs meurtres et vols en Espagne, de lui avoir déjà proposé à Fontainebleau de tuer le roi de France, Henri IV, enfin comploté avec sa femme de le faire mourir lui-même.

Bertrand de Lettre était en relations avec un soldat de la compagnie du prévôt général, du nom d'Étienne Louis, originaire de Châtillon-sur-Seine, au duché de Bourgogne. L'ayant rencontré comme il était de garde, il lui dit qu'il avait découvert « une chose estrange et de grande importance. » La curiosité du soldat fut piquée et, pour la satisfaire, il entraîna Bertrand de Lettre dans une taverne où, après boire, il apprit de lui les propos tenus par Servais Oudot. Il usa du même procédé à l'égard de ce dernier qu'ils allèrent trouver chez les Pères Déchaussés, où il travaillait comme manouvrier, et emmenèrent dans des cabarets après lui avoir promis de payer sa journée. Là, Servais Oudot fit de nouveau le récit des propositions criminelles qu'il avait reçues.

Quelques jours après, Bertrand de Lettre et Etienne Louis parvinrent à le conduire au château de la Veure (aujourd'hui Ter Vueren, entre Bruxelles et Louvain) et eurent une audience du marquis de Marnay, à qui ils parlèrent « l'un après l'autre. » Ils s'adressèrent à Charles-Emmanuel de Gorrevod, prince de l'Empire, duc de Pont-de-Vaux, marquis de Marnay, gouverneur du duché de Limbourg, chevalier de la Toison-d'Or et grand bailli d'Amont, parce que ce haut personnage était leur compatriote, et par conséquent le protecteur naturel des Bourguignons à la cour de Bruxelles, où sa qualité de gentilhomme de la chambre de l'archiduc Albert lui donnait un grand crédit. Le marquis de Marnay les renvoya, avec une lettre, au président du Conseil privé. Celui-ci, après les avoir entendus, jugea l'affaire assez importante pour ordonner l'arrestation immédiate de Servais Oudot, qui fut enfermé à la prison de la Steenporte de Bruxelles.

Voici quelle fut alors la marche de l'instruction de cette affaire. Bertrand de Lettre et Étienne Louis transmirent au président du Conseil privé une requête (1) dénonçant le projet formé par Servais Oudot et ses deux prétendus complices, à la suite de laquelle ils furent interrogés pour donner des explications plus complètes. C'est de leurs interrogatoires (2) que nous avons extrait les faits exposés ci-dessus. Puis le conseiller Guillaume de Steenhuys, remplissant aussi les fonctions d'alcade de l'hôtel des Archiducs et le secrétaire du Conseil privé, François de Groote, furent spécialement commis « à l'examination », comme on disait alors, de Servais Oudot qui, le 16 novembre 1616, subit à la Steenporte son premier interrogatoire (3).

Il déclara, après avoir prêté serment, qu'il était originaire de la Vergenne, seigneurie de Gouhenans, bailliage de Vesoul, en Franche-Comté, et qu'il était âgé de 45 ans;

(1) Pièce justificative N° 1.
(2) Idem N° 2.
(3) Idem N° 3.

il avait depuis cinq semaines quitté cette localité, y laissant sa femme, pour venir dénoncer deux laboureurs dudit lieu, Nicolas Chardin et Thiébaud Bailly qui, à trois reprises, l'avaient requis de tuer soit le roi d'Espagne, soit l'archiduc de Brabant (l'archiduc Albert d'Autriche, souverain des Pays-Bas avec Isabelle-Claire-Eugénie, sa femme). Ceux-ci lui avaient communiqué pour la première fois leur criminel dessein à Strasbourg, où ils lui présentèrent à cet effet un couteau ; mais il leur répondit que « s'il avoit leurs cœurs il y mangeroit » ; la seconde fois, ce fut en Espagne, à Madrid, où il était allé vendre de la marchandise ; enfin, en dernier lieu, il y a trois mois, dans sa propre maison, à la Vergenne, où ils lui présentèrent de nouveau leur couteau en lui disant : « Tenez, faites ce que nous avons envie de faire. » Il reconnaît avoir demandé alors de l'argent à ces deux personnages et, sur leur refus, avoir dit qu'il ferait bien ce qu'ils désiraient, quoique son intention ne fût pas telle, mais seulement dans le but de se débarrasser d'eux. Il n'aurait pas ajouté, en refusant le couteau, comme on le lui avait prêté, qu'il n'en avait pas besoin pour faire le coup.

Sur la demande qu'on lui adressa s'il y avait eu quelqu'un de présent à cet entretien, il répondit qu'un jeune homme, fils dudit Thiébaud Bailly, y assistait ; que, d'ailleurs, il ne saurait expliquer les motifs qui faisaient tant désirer à ces deux individus la mort du roi d'Espagne et de l'Archiduc, si ce n'est parce que le père dudit Bailly avait été exécuté par le feu à Dôle dix-huit ans auparavant pour crime de sorcellerie, que lui-même était fortement soupçonné d'en être atteint, ainsi que son fils et une sœur de Nicolas Chardin, mariée à la Vergenne. Il croyait qu'ils s'étaient adressés à lui parce qu'il avait beaucoup voyagé en Espagne, en France, en Allemagne et dans les Pays-Bas. Enfin il déclara que pendant qu'il était à Madrid en même temps que Thiébaud et Bailly et Nicolas Chardin, ceux-ci tuèrent un archer du Roi, d'origine lorraine, nommé Jean-Louis, trompés sans doute par la ressemblance qui existait entre ledit archer et lui-même. Le curé de Moffans (canton et arrondissement de Lure, Haute-Saône, chef-lieu de la paroisse de la Vergenne) lui aurait dit qu'ils avaient tué cet archer dans la maison où il était logé, et volé au maître de la dite maison un bahut renfermant plusieurs vêtements, entre autres le manteau et la casaque dudit archer, à la livrée du Roi, velours orange avec passements blancs et rouges. Il avait reconnu lui-même ces vêtements lorsqu'ils étaient portés, le premier par l'un des seigneurs de Gouhenans et l'autre par Nicolas Chardin à qui il fit observer que cette casaque n'était pas faite pour lui ; sur quoi celui-ci l'aurait menacé de son arquebuse.

Dans l'interrogatoire du lendemain, 17 Novembre, Servais Oudot répéta qu'il était depuis trois semaines à Bruxelles ; qu'il avait eu d'abord l'intention d'exposer le but de son voyage au confesseur de l'Archiduc, mais que ce prêtre étant parti pour l'Espagne, il en avait alors parlé à ses compatriotes Bertrand de Lettre et Étienne Louis avec lesquels il alla au château de la Veure où ils virent le marquis de Marnay. Sur la demande qui lui fut faite s'il avait quelque chose à ajouter à sa déposition de la veille, il répondit que le fils de Thiébaud Bailly lui avait dit que son père et Nicolas Chardin, revenant de Madrid et passant par Burgos, avaient tué le recteur de l'hôpital de cette ville, frère d'un archer de la garde royale, et que pendant qu'il était à Fontainebleau où il cherchait à vendre ses marchandises, ledit Thiébaud vint le trouver et lui présenta un couteau en l'engageant à tuer le roi de France, ce qu'il ne voulut faire. Il reconnut avoir demeuré pendant une année à Verneuil au Perche (Verneuil, chef-lieu de canton de l'arrondissement d'Évreux, Eure), et en être sorti, il y a six mois, pour aller « par le pays » afin de gagner sa vie en faisant des cuillers et autres « mesnaiges » d'étain. Lorsqu'il habitait Verneuil il s'y était marié, et le motif qui lui fit quitter cette localité, c'est que les deux individus dénoncés par lui, vinrent l'y trouver ainsi qu'à Normandel au Perche, village voisin

(Normandel, canton de Tourouvre, arrondissement de Mortagne, Orne), et le tourmentèrent de nouveau pour lui faire exécuter leur mauvais dessein. S'il ne se rendit pas directement de ce lieu à Bruxelles afin d'avertir S. A. Sérénissime l'Archiduc, c'est « qu'il luy sembloit qu'il estoit comme charmé et qu'il ne pouvoit sortir de France, bien que par après il vint à la dite Vergenne. » Il déclara qu'il ignorait si lesdits Thiébaud Bailly et Nicolas Chardin avaient tramé quelque complot avec sa femme pour le faire mourir, et qu'aucune information criminelle n'avait été entamée contre lui ni à Verneuil, ni à Normandel.

Pendant qu'il travaillait à Pluvier en Gâtinais (1), il vit passer deux ou trois fois ces deux personnages devant la maison où il habitait ; ils ne lui parlèrent pas ouvertement, mais tinrent seulement quelques propos entre les dents. Ce fut-là, dit-il, qu'il les aurait vus pour la dernière fois, revenant sur son précédent interrogatoire, où il avait avoué que c'était à la Vergenne. Il confirma, d'ailleurs, ce qu'il avait déclaré au sujet des propos tenus par le curé de Moffans sur les meurtres commis en Espagne par lesdits Thiébaud et Nicolas. Il parut éprouver du mécontentement lorsqu'en relisant le procès-verbal de son interrogatoire, on vint à parler du séjour que, suivant Bertrand de Lettre, il aurait fait à 22 lieues de Paris. Toutefois, quand la lecture en fut achevée, il demanda s'il pourrait bientôt sortir de prison.

Le surlendemain, 19 Novembre, Servais Oudot fit annoncer aux deux conseillers enquêteurs par la « cépière » ou geôlière, qu'il avait quelque chose à ajouter à sa déposition. Ces deux magistrats vinrent donc l'interroger pour la troisième fois et lui firent de nouveau prêter serment. Cette troisième déclaration est de beaucoup la plus importante. Après avoir ajouté quelques nouveaux détails concernant les meurtres et vols qu'auraient commis Thiébaud Bailly et Nicolas Chardin à Madrid vers 1610, il reconnut qu'il

(1) C'est l'ancien nom de la ville de Pithiviers.

n'avait pas son domicile à la Vergenne dont il était seulement originaire. Lors de son retour d'Espagne, il y vint et quelques-uns de ses parents, morts depuis cette époque, l'engagèrent à tuer ou à faire tuer le feu roi de France (Henri IV), ce qu'il agréa facilement à cause des grands malheurs qu'il prévoyait devoir éclater par le fait dudit Roi. Afin de mettre ce projet à exécution, il s'adressa à un individu originaire de Savoie, nommé Jean Joffroy, qu'il avait connu en Espagne, et étant devenu son ami, il résolut avec lui de tenter le coup. Ils se rendirent donc à Paris et trois jours après leur arrivée, l'occasion se présenta d'en venir à leurs fins, grâce à ce que le carrosse du Roi fût arrêté par « quelques charrettes, » ce qui permit à Jean Joffroy de frapper de deux coups de couteau Henri IV ; du premier coup le sang avait jailli de la poitrine du Roi sur le manteau de l'assassin, ce qui amena son arrestation dans une petite rue voisine où il s'était retiré, et plus tard son exécution. Quoique cet assassin eût reçu le nom de François Ravaillart, il se serait appelé en réalité Jean Joffroy, ayant pris ce nom de François Ravaillart afin de faire croire plus facilement qu'il était Français, et cela, d'après le conseil de Servais Oudot. Le couteau qui servit au crime avait été acheté au village de Granges-le-Bourg (canton de Villersexel, arrondissement de Lure, Haute-Saône) dans le comté de Bourgogne, et au moment de l'attentat Servais Oudot se trouvait placé très près du carrosse du Roi ; mais on ne prit pas garde à lui et il put sans difficulté se retirer et quitter Paris. Depuis lors il erra de pays en pays afin de gagner sa vie, sans cependant sortir de France, parce qu'il lui semblait qu'il était comme *charmé*. Il arriva enfin au village de Normandel où il se fixa et se maria. Le curé de cette localité et quelques autres personnes le soupçonnèrent cependant d'avoir participé à la mort de Henri IV, lui en firent des reproches et lui dirent qu'il ferait bien d'agir de même à l'égard du roi d'Espagne ou des Archiducs, si mieux il n'aimait les faire tuer par une autre personne.

Quelque temps après, il serait allé à Pluvier en Gâtinais où Thiébaud Bailly et Nicolas Chardin vinrent encore le trouver et lui présentèrent un couteau dans le but dénoncé dans son premier interrogatoire. Ce fut alors qu'il prit la résolution de venir dans les Pays-Bas, pour avertir l'Archiduc « tant de ce qui s'estoit passé au regard du Roy de France (ce qu'il avoit fait pour le service de Dieu et de sadite Altèze), que pour l'adviser du desseing desdits Thiébaud Bailly et Nicolas Chardin » ; mais il s'est trouvé encore comme charmé et il lui semblait qu'il ne pouvait sortir de France, tellement qu'il fut obligé de prendre un homme à qui il donna une pièce d'argent pour se faire conduire jusqu'à Mézières d'où il gagna les Pays-Bas. Ce ne fut qu'après un séjour de cinq à six semaines à Bruxelles, que l'occasion se présenta pour lui de faire la déclaration qu'il projetait d'adresser à Son Altesse Sérénissime.

Le quatrième et dernier interrogatoire subi par Servais Oudot, le 24 novembre, paraît avoir été provoqué par les magistrats instructeurs et porta exclusivement sur sa prétendue complicité dans l'assassinat de Henri IV. On lui demanda s'il avait parlé au prince de Condé. Il répondit que cinq ou six mois avant la mort du roi de France, il s'était trouvé dans la cour du Louvre au moment où le Roi y rentrait en carrosse avec le prince de Condé et d'autres personnages. Le prince aurait fait arrêter le carrosse royal en l'interpellant pour lui demander qui l'avait envoyé là. Sur sa réponse que ce n'était personne, le prince de Condé lui fit un signe, laissant entendre qu'il avait dû être envoyé là, soit par le roi d'Espagne, soit par l'Archiduc. Comme Servais Oudot persistait à dire que non, le prince lui indiqua avec le doigt la direction des Pays-Bas, en lui disant « qu'ilz cognoissoient bien son espée et qu'ilz vouloient estre aussi bien maistres qu'eux et tenir l'Empire comme eux ». Il ajouta que s'il arrivait quelque malheur, on s'en prendrait à lui, et l'engagea à s'en aller travailler. Il suivit ce conseil et se rendit à Sully où il travailla aux bâtiments que faisait construire le duc dudit lieu jusqu'au moment où il retourna dans le comté de Bourgogne rejoindre Jean Joffroy, pour faire le coup qu'ils avaient médité et qui fut exécuté en sa présence, ainsi qu'il l'avait déclaré précédemment. Servais Oudot protesta, d'ailleurs, que ce n'était nullement à l'instigation du prince de Condé que l'assassinat du Roi avait été comploté, qu'il ne lui avait jamais parlé, si ce n'est dans la circonstance qu'il venait de rapporter, et que s'il avait agi ainsi c'était dans l'intention d'être utile au roi d'Espagne et à Son Altesse l'Archiduc. Enfin il donna l'assurance que personne ne l'avait excité à tuer soit le roi de France actuel (Louis XIII), soit la Reine-mère, et qu'il n'eût d'ailleurs jamais entrepris une pareille action.

Nous ne savons quelle suite fut donnée à l'affaire de Servais Oudot et aux accusations qu'elle comportait. Une copie de ses interrogatoires des 17, 19 et 24 novembre, ne présentant que quelques variantes sans importance avec le texte original, mentionne qu'il fut transféré de la prison de la Steenporte à Bruxelles au château de Namur. Combien de temps dura sa détention dans cette forteresse et que devint-il après? C'est ce qu'il a été impossible de découvrir. En tous cas, cette incarcération au château de Namur prouve l'importance que le gouvernement espagnol attacha aux révélations de Servais Oudot qu'il jugea dignes d'être prises en considération. De précieuses mentions consignées dans le compte de la Recette générale des Pays-Bas de l'année 1617 (1), viennent toutefois confirmer les renseignements fournis par les pièces que nous venons d'analyser et en démontrer l'authenticité. On trouve en effet, au folio 400, verso, la dépense de 17 livres, 10 sols payés au receveur général qui les avait, par ordonnance du 17 avril 1617, délivrés, tant pour la voiture et dépens de bouche de Servais Oudot, « mené prisonnier doiz la ville de Bruxelles au château de Namur, que pour les despens des gens

(1) Archives du Nord. Chambre des Comptes. B. 2890.

du Prévôt de la Cour l'ayant conduit au chemin »; — au folio 409, verso, celle de 72 livres, 10 sols à Jacques Jacobs, cepier (géolier) de la prison de la Steenporte à Bruxelles, « pour tout ce qu'il pourroit prétendre pour les dépens de bouche et aultres fraiz de prison de Servais Oudot, ayant esté prisonnier sur la Steenporte le terme de cent jours depuis le 12ᵉ de novembre 1616 jusques le 20ᵉ de febvrier enssuivant 1617 qu'il fut mené prisonnier au château de Namur. » (1).

II

L'accusation portée par Servais Oudot contre Nicolas Chardin et Thiébaud Bailly de l'avoir engagé à plusieurs reprises à tuer, soit le roi d'Espagne, soit l'Archiduc, ainsi que d'avoir commis la série des crimes qu'il leur reproche, est-elle vraisemblable ? Nous n'hésitons pas à répondre non. Il n'est pas nécessaire pour l'affirmer de faire ressortir les nombreuses contradictions que l'on peut signaler dans son interrogatoire sur ce point. Ainsi pour n'en citer qu'un, il dit que la dernière fois qu'il vit ces

(1) Les recherches faites aux Archives générales du royaume de Belgique, à celles de Simancas, à la Bibliothèque Nationale et à celle du palais de Madrid, pour retrouver les pièces complémentaires du procès de Servais Oudot ont été infructueuses Il est peu probable, d'ailleurs, qu'il en ait existé d'autres que celles que renfermait la layette cotée 19 des Archives du Conseil privé, où elles formaient l'article 27 et qui, vers 1746, furent enlevées de cette layette par les commissaires français chargés de s'emparer, dans les dépôts de Bruxelles et des Pays-Bas autrichiens, des papiers paraissant pouvoir être utiles aux prétentions et aux revendications de la politique française. C'est à cette époque que le savant archiviste du royaume de Belgique, M. Piot, place le transfert aux Archives de la Chambre des Comptes de Lille, des interrogatoires de Servais Oudot. Cette layette n'en contenait pas d'autres, car un ancien inventaire des archives du Conseil Privé, encore conservé à Bruxelles, ne mentionne que les seuls interrogatoires aujourd'hui déposés aux Archives du Nord. S'il y eût existé d'autres documents concernant cette affaire, ils seraient certainement portés aussi à cet inventaire.

On peut admettre que Servais Oudot resta détenu au château de Namur comme prisonnier d'État, sans qu'il fût intervenu aucune décision judiciaire à son égard. On le considèra comme un homme dangereux qu'il était prudent de tenir entre quatre murs jusqu'à sa mort.

Nous prions MM. Piot, Diaz-Sanchez, archiviste en chef des archives de Simancas, Zarco del Valle, bibliothécaire en chef du palais de Madrid et Alfred Weil, d'agréer ici nos vifs remerciements pour les recherches qu'ils ont bien voulu faire à ce sujet.

personnages, ce fut à la Vergenne, puis le lendemain cela serait à Pluvier en Gâtinais (Pithiviers). Mais son récit n'est à cet égard qu'un tissu d'invraisemblances. Comment deux paysans d'un des plus pauvres villages de la Franche-Comté auraient-ils voyagé en Allemagne, en Espagne et en France, sans autre but que l'intention de tuer tantôt l'accusateur lui-même, tantôt le roi de France, tantôt celui d'Espagne ? Quel est le mobile qui les aurait poussés à agir ainsi ? Le simple désir de venger leurs parents brûlés pour faits de sorcellerie ? Mais en admettant même que leurs parents eussent été réellement exécutés comme sorciers, on ne voit pas pourquoi Nicolas Chardin et Thiébaud Bailly auraient conçu le dessein d'assassiner ou de faire assassiner pour ce motif le roi d'Espagne ou l'Archiduc. Est-ce que leur vengeance ne se serait pas plutôt exercée sur les magistrats du bailliage de Vesoul ou du Parlement de Dôle qui étaient bien plus à leur portée ?

Servais Oudot, il est vrai, cherche à insinuer vaguement que l'un des seigneurs de Gouhenans aurait bien pu les exciter dans leurs projets criminels. Il ne désigne pas ce seigneur ; on est donc réduit à des conjectures pour découvrir quel est celui dont il veut parler et rechercher si vraiment il pouvait avoir un intérêt quelconque à se mêler d'une aussi grave affaire. Au commencement du XVIIe siècle, la terre de Gouhenans appartenait à Jeanne de Bonnans, veuve de Thomas de Plaine, mort en 1592 après avoir rempli de hautes fonctions dans les Pays-Bas et le comté de Bourgogne, et à ses deux filles et héritières Catherine et Jeanne. Thomas de Plaine appartenait à une ancienne famille de Poligny, qui donna, du XIIIe au XVIe siècle, deux présidents au parlement de Bourgogne, Gérard et Thomas de 1484 à 1493, puis tous deux successivement chanceliers de l'empereur Maximilien, des conseillers à la cour des ducs de Bourgogne, etc., et contracta en Flandre les plus belles alliances. Catherine de Plaine avait épousé Charles de Lignéville ; elle et son mari sont qualifiés seigneur et dame de Gouhenans dans deux registres du bailliage d'Amont en 1613 et 1614 (1). C'est très probablement Charles de Lignéville que Servais Oudet a voulu désigner. Or, ce seigneur appartenait à une des grandes familles lorraines, qualifiée même sous l'appellation nobiliaire *d'un des quatre chevaux de Lorraine* pour indiquer sa parenté avec la maison ducale. Si l'on doit déjà difficilement admettre qu'un si grand personnage ait eu des relations assez familières avec Thiébaud Bailly et Nicolas Chardin au point d'accepter d'eux un pourpoint et un manteau volés en Espagne, il serait vraiment absurde de croire qu'il eût pu épouser leur rancune et leur projet de vengeance et s'entendre avec eux pour obséder Oudot, le persécuter et lu tendre des embûches. Quel intérêt aurait-il eu à le faire ? Quel mobile l'eût poussé à conspirer contre la vie de l'archiduc Albert ou du roi d'Espagne ? Les assertions d'Oudot sont si vagues, donnent si peu d'indices sur les intentions morales de ceux qu'il accuse, qu'il est vraiment impossible d'y ajouter aucune foi.

Nous serions porté plutôt à ne voir dans ces accusations que l'acte d'un cerveau malade, qui les a patiemment échafaudées, n'oubliant pour leur donner une apparence de vérité, aucun détail accessoire, mais négligeant le point essentiel, la base même, c'est-à-dire, le mobile qui aurait déterminé les accusés à agir ainsi. C'est bien là l'œuvre d'une tête peu solide, en proie à ce que la science moderne appelle la manie ou le délire des persécutions. Il nous semble, en effet, que Servais Oudot a dû être atteint de cette affection, résultat probable de chagrins domestiques. Il n'est que très peu parlé de sa femme dans l'affaire et encore ce n'est pas pour la première fois dans l'interrogatoire. C'est Bertrand de Lettre qui rapporte ce propos tenu par lui : « que lesdits Bailly et Chardin s'y estoient transportés (à Pluvier en Gâtinais) en forme de figures, et avoient

(1) *Archives de la Haute-Saône.* B. 4282 et 4287.

comploté avec sa femme de le tuer au mois d'aoust dernier. » Cette phrase, suivant nous, renferme le mot de l'énigme et met sur la trace des motifs qui ont dû provoquer sa haine. A tort ou à raison, Oudot a cru que Bailly et Chardin avaient été les amants de sa femme, que celle-ci les avaient engagés à le faire mourir, et tel est le point de départ de ses accusations. Ce qui semble encore le prouver, c'est qu'après avoir dit à Bertrand de Lettre que ses deux compatriotes avaient avec sa femme comploté contre sa vie, il s'est bien gardé lorsqu'il a été interrogé sur ce point, de reconnaître le propos tenu par lui. « Enquis si lesdits Thiébaud et Nicolas n'ont eu quelque complot avec sa femme pour le tuer : a dit ne le sçavoir. » Il sentait bien que ses paroles imprudentes pouvaient donner la clef de sa conduite et faire douter de la véracité de son récit. Que cette habileté, cette finesse n'étonnent pas de la part d'un esprit complètement illettré et même d'un cerveau malade. Les exemples de fous avérés agissant avec la même ruse sont nombreux. Servais Oudot n'était pas complètement aliéné ; ce n'était qu'un monomane, dont toutes les ressources intellectuelles étaient tendues vers un même but : nuire à ses prétendus persécuteurs et à ceux qu'il croyait être leurs alliés. C'est pour cela qu'il engloba dans son accusation le seigneur de Gouhenans, qui probablement avait quelque estime pour Nicolas Chardin, puisqu'il en avait fait son maire à la Vergenne.

Ainsi donc, quant à la conspiration contre la vie du roi d'Espagne ou de l'Archiduc, nous pensons qu'elle n'a jamais existé que dans la tête faible de Servais Oudot. Il reste à examiner pourquoi, après avoir dénoncé ce prétendu complot, il a été amené à parler du rôle qu'il aurait joué dans l'assassinat de Henri IV, à soutenir qu'il avait connu Ravaillac et encouragé son criminel dessein. En agissant ainsi, a-t-il encore obéi aux suggestions de sa monomanie, qui lui a conseillé de donner de cette manière plus de poids à ses accusations précédentes ? Ou bien, au contraire, sa déposition est-elle, sinon l'expression sincère et complète de la vérité, du moins un document sérieux renfermant des renseignements authentiques, sur un des plus tragiques évènements de notre histoire ? Pour cela, il est nécessaire de faire une revue rapide des principaux documents judiciaires et historiques qui nous sont parvenus au sujet de l'attentat de Ravaillac, en les comparant à l'interrogatoire de Servais Oudot, et en cherchant à faire jaillir, si c'est possible, de ce rapprochement, quelque nouvelle lumière sur les causes d'un crime qui se posera toujours devant l'histoire comme un des plus impénétrables problèmes soumis à son jugement.

III

Le premier et le plus important de ces documents est sans contredit l'interrogatoire même de Ravaillac. C'est lui qui a servi de base aux appréciations de la plupart des historiens. C'est grâce à lui qu'ils ont pu, non écarter complètement, mais en tous cas atténuer beaucoup les soupçons de complicité avec ce misérable, qui ont plané et planent encore sur la reine Marie de Médicis, le duc d'Épernon, la marquise de Verneuil, les Jésuites, le prince de Condé et la cour d'Espagne. Si on s'en rapporte, en effet, aux aveux de l'assassin, il n'aurait été assisté par personne ni pour concevoir, ni pour exécuter son crime. Les détails qu'il donne sont en contradiction absolue avec ceux de l'interrogatoire de Servais Oudot. Ainsi, après avoir raconté comment l'idée lui vint de tuer le Roi, comment il la repoussa, puis enfin se décida à la mettre à exécution, il déclara (1) que lorsqu'il revint pour la seconde fois à Paris, « il fust logé aux Cinq Croissans, fauxbourg St-Jacques ; et ensuite pour estre proche du Louvre, se logea aux Trois Pigeons, rue St-Honoré, où allant, passa pour loger à l'hostellerie proche les Quinze-Vingts, où il y avoit trop d'hostes, fut

---

(1) Interrogatoire de Ravaillac imprimé dans le *Supplément aux Mémoires de Condé*. Tome VI.

refusé et sur la table print un cousteau qu'il jugea propre pour faire ce qu'il avoit volonté ; non à cause du refus, mais pour luy sembler le cousteau propre à exécuter sa volonté. » Il ajoute qu'il fit remplacer le manche de ce couteau qui était en baleine et rompu, par un manche en corne, et cela par le frère de son hôte Jean Barbier, tourneur, demeurant au faubourg St-Antoine. Voilà donc un point sur lequel son récit diffère complètement de celui d'Oudot, qui prétend que le couteau qui donna la mort à Henri IV, avait été acheté à Granges-le-Bourg en Franche-Comté. Ce couteau est encore conservé au musée d'artillerie à Paris ; son manche est, en effet, en corne, mais la lame ne porte aucune marque pouvant mettre sur la trace de l'ouvrier qui l'a fabriqué. Toutefois nous ferons remarquer incidemment qu'il est vraiment extraordinaire que Ravaillac n'ait pas été confronté avec le coutelier et le propriétaire de l'hôtellerie proche les Quinze-Vingts, qui auraient pu confirmer la véracité de son récit, quant au vol et à la réparation du couteau. Aucune pièce de la procédure n'indique que cette confrontation ait eu lieu. Ce fait pourtant avait bien son importance comme le prouvent les questions et réponses suivantes : « Enquis en quel temps il a esté à Bruxelles ; a dit qu'il ne sortit jamais du Royaume et ne sçait où est Bruxelles. » Or, comme le comté de Bourgogne était ainsi que les Pays-Bas sous la domination espagnole, il se serait bien gardé, en admettant que l'assertion d'Oudot fût vraie, de déclarer qu'il avait acheté le couteau, instrument du crime, dans une localité faisant partie de cette province.

Il est certes bien loin de notre pensée de vouloir reprocher aux magistrats de 1610 d'avoir, dans cette circonstance, dérogé aux règles barbares de la procédure criminelle de leur temps. Cependant, il y a lieu de s'étonner qu'à une époque où la question était appliquée généralement et préalablement à la condamnation, souvent même lorsque le crime était manifeste et avoué, et que par conséquent la cruauté ne pouvait pas se couvrir du prétexte et de la nécessité de faciliter l'instruction de l'affaire, on ait, au contraire, négligé d'y soumettre un criminel d'État, de lèse-majesté, un parricide comme on disait alors, dont le forfait paraissait inexplicable. Ce qui augmente encore l'étonnement, c'est que cette négligence avait lieu, quand l'opinion publique n'hésitait pas à prononcer les noms de ceux qui, selon elle, avaient armé son bras. Quoi qu'en dise Mathieu (1), il est à peu près certain, que Ravaillac ne subit la torture judiciaire qu'après sa condamnation et quelques heures avant d'aller au supplice. Aussitôt après son arrestation, il fut amené à l'hôtel de Retz, où le grand Prévôt l'interrogea et lui donna, dit-on, la question avec le chien de son arquebuse ; mais cette torture n'avait aucun caractère officiel et il n'en a pas été conservé de procès-verbal. Cependant la reine Marie de Médicis, selon Mathieu « envoya plusieurs fois le marquis d'Ancre au premier président de Harlay, au président de Blasménil et aux conseillers Boin et Courtin, pendant qu'ils travailloient diligemment et exactement à faire le procès du parricide (2), pour leur faire entendre plus confidemment ses intentions, et le désir qu'elle avoit pour que la vérité fut connue ; elle leur fit dire qu'un boucher se présentoit, pour écorcher tout vif ce misérable, promettant de le faire durer longtemps, et de luy réserver assez de force, après qu'il seroit despouillé de sa peau, pour endurer le supplice. La cour donna cette proposition au zèle d'une grande princesse, qui vouloit que tout le monde connust que la justice n'avoit rien obmis à la réparation de ceste publique offence, ny pour en descouvrir les sources et les ressorts. Elle loua l'affection d'une veuve outrée de douleur, qui poursuivoit la juste vengence de la mort de son mary et le soing d'une mère pieuse, qui craignoit pour le Roy, son

(1) Mathieu. *Histoire de la mort deplorable de Henri IV.* Bruxelles, R. Velpius et H. Antoine. 1612. 1 vol in-8°.

(2) Dans son récit de 350 pages, Mathieu n'a pas voulu écrire une seule fois le nom de Ravaillac, espérant ainsi l'empêcher de passer à la postérité.

fils, estimant que si ce coup avoit esté conseillé contre le père, il ne se treuvast encore des conseils le mesmes contre les princes, ses enfants. » La Reine, en faisant cette barbare proposition, voulait-elle donner une sorte de démenti aux soupçons qui commençaient à monter jusqu'à elle, comme d'Épernon avait tenté de les prévenir en empêchant le massacre immédiat de Ravaillac lorsqu'il fut arrêté, le couteau tout sanglant encore à la main ? Savait-elle d'avance que le Parlement la rejetterait dans la crainte peut-être de trouver les preuves qu'il redoutait de rencontrer ?

Mais l'opinion publique n'avait pas la même pusillanimité et « chacun, dit le même auteur, se passionnant pour savoir l'instigateur, désiroit d'être auteur de quelque tourment pour l'arracher du cœur de ce meschant, et chacun trouvoit que si on usoit d'humanité envers luy, on exerçoit de la cruauté envers tous. Balbany, inventeur des citernes nouvelles, proposa et fit faire un artifice en forme de beurrière ou d'obélisque renversé qu'il montra à Servin. Le corps estant là dedans se couloit en bas de son propre poids, se pressoit à mesure que la beurrière s'estrécissoit, et s'affaissoit de telle sorte que les espaules s'alloient joindre aux talons avec des douleurs tellement cruelles, sans que pour cela le corps perdist rien de ses forces, car en quatre heures après il pouvoit estre refait et remis pour supporter le même tourment une autre fois. Les plus violents ne sont pas les plus cruels, ceux qui les endurent ne peuvent dûrer longtemps, et l'extrême rigueur estourdit le sentiment. Les peines les plus longues et languissantes sont les plus rudes et sévères. La Cour de Parlement ne trouva à propos d'user d'autres geines que les accoutumées. » Cependant quelques conseillers demandèrent que la question fût appliquée avant la condamnation et une discussion eut lieu dans le Parlement à ce sujet. « On fut en doubte, dit Mathieu, si le criminel devoit être appliqué à la question avant que d'estre condamné à la mort. Les formes ne le permettoient point, car là question ne se donne qu'en deux cas, l'un devant le jugement, pour avoir preuve du crime, l'autre après pour sçavoir les complices et les instigateurs. Elle n'estoit nécessaire pour avoir la vérité du crime, car le criminel le confessoit et avoit esté pris en l'exécutant. » Il ajoute « qu'on trouva un arrêt par lequel un qui avoit attenté par poison à la vie de Louis XI, avoit eu diverses fois la geine et à divers jours devant la condamnation. Sur ce, le Parlement ordonna qu'il y seroit appliqué trois fois à divers jours, mais parce qu'il soutint la première avec une si grande suite et égalité de ses responces sans variété, ny changement, et que l'on craignoit que ses forces estant affaiblies, il n'en eût pas assez pour satisfaire au supplice, on ne continua la question: aussi voyoit-on bien que tous les tourments qu'il souffroit et ceux qu'il attendoit, n'estoient pas assez puissants pour lui faire changer de discours. »

Nous ne savons pourtant jusqu'à quel point on peut ajouter foi à l'assertion de Mathieu à cet égard, et si cette application à la torture préalablement à la condamnation eut réellement lieu. Michelet dit bien avoir vu sur la chemise du dossier de l'affaire de Ravaillac cette mention : « l'interrogatoire à la question fut fait sous le secret de la Cour », et le procès-verbal en aurait été détruit ce qui concorderait avec le dire de Mathieu. Mais en admettant ce fait comme véridique, (ce qui est encore loin d'être démontré, car la note inscrite sur le dossier pourrait être postérieure), il indiquerait, contrairement à ce que dit Mathieu, que cet interrogatoire amena des révélations si graves que la Cour (1) prescrivit la destruction du procès-verbal qui en avait été dressé. On sait que le président de Harlay, interrogé par un des amis de Lestoile au sujet de

---

(1) M. Loiseleur (*Ravaillac et ses complices*, p. 77), admet aussi que Ravaillac fut appliqué à la question préparatoire le 25 mai 1610, c'est-à-dire avant le prononcé de son arrêt de condamnation qui, ainsi qu'il le fait remarquer, constate cette première application à la torture. Mais comme le procès-verbal qui aurait dû en être dressé ne nous est pas parvenu, on est en droit de se demander si vraiment elle eut lieu et si la mention qui en

la d'Escoman dont nous nous occuperons plus loin et lui disant qu'elle parlait sans preuves, aurait répondu, levant les yeux et les bras au ciel : « des preuves, il n'y en a que trop, il n'y en a que trop. ! »

Quoi qu'il en soit, il est plus probable que le Parlement redoutant de rencontrer parmi les complices de Ravaillac les hauts personnages que chacun nommait, se contenta, avant la condamnation, du simple interrogatoire de l'assassin et nous verrons plus loin qu'il y procéda avec une inintelligence qui paraîtrait extraordinaire de la part des premiers magistrats du royaume, si elle n'eût pas été intentionnelle. Ce ne fut que le jour même de l'exécution, le 27 mai 1610, à la levée de la Cour dans la Chambre de la Buvette, que, pour se conformer aux règles strictes de la pratique criminelle, on donna à Ravaillac la question des brodequins dont le procès-verbal nous est parvenu. Le premier coin ne lui tira que des dénégations ; au deuxième, il déclara n'avoir parlé de son projet qu'à un petit cordelier, soit en confession, soit autrement, au gardien des capucins d'Angoulême et ne s'en être pas confessé à Paris, suppliant d'ailleurs la Cour de ne pas le faire désespérer. On frappa de nouveau sur le deuxième coin et il s'écria : « Mon Dieu, prenez cette pénitence pour les grandes fautes faites en ce monde. » Puis, sans désemparer, le troisième coin lui fut placé au bas des pieds, alors « il est entré en sueur universelle et comme pasmé, lui ayant été mis du vin en la bouche, ne l'a reçu, la parolle lui faillant, a esté relasché et sur lui jetté de l'eau, puis fait prendre du vin. La parolle revenue, a esté mis sur un matelas au mesme lieu où a esté jusqu'à midy que, la force reprise, a esté conduit à la chapelle par l'exécuteur qui l'a attaché, et mandé les

est faite dans l'arrêt n'est pas de pure forme, de style. Puisque nous avons, en effet, la série des interrogatoires et le procès-verbal de la torture du 27 mai, après l'arrêt de condamnation, il est étonnant que nous n'ayons pas celui du 25 ; s'il a vraiment existé, on doit conclure de sa disparition qu'il renfermait des révélations qu'on tenait à ne pas divulguer.

docteurs en Sorbonne Filsac et Gamaches » avec lesquels il a été laissé ; puis on lui donna à dîner, probablement pour qu'il eût les forces nécessaires afin de supporter le supplice qu'il subit dans l'après-midi. D'après ce procès-verbal, la torture ne paraît pas avoir été poussée avec rigueur vis-à-vis de Ravaillac. Soit qu'on se fût arrangé pour qu'il s'évanouît dès que les douleurs devinrent un peu vives, soit que réellement son état de faiblesse eût produit naturellement ces syncopes, on ne put tirer de lui aucun éclaircissement et les magistrats n'en furent sans doute pas fâchés.

Nous avons cité plus haut les principaux passages de l'interrogatoire ordinaire que lui fit subir le Parlement. Ce qu'il y a de plus singulier et qui frappe au premier abord, c'est qu'il ne fut confronté qu'avec une seule des personnes qui s'y trouvent désignées ; et cependant il en avait nommé beaucoup, avec lesquelles il avait été en relations, entre autres un écuyer de la reine Marguerite de Valois, les aumôniers du cardinal Duperron, un jésuite, un cordelier, un feuillant, le curé de St-Séverin, un chanoine et un apothicaire-poète d'Angoulême, un seigneur du nom de La Force, un marchand nommé Colletet avec lequel il avait dîné le 14 mai, etc. On ne le mit qu'en présence du jésuite d'Aubigny qui, malgré les affirmations de l'assassin, nia de l'avoir vu. Il était impossible de procéder avec moins de fermeté, d'adresse et d'insistance et ce n'est pas sans raison que l'Estoile a parlé des lâches procédures du Parlement. Selon Michelet, il est vrai, il ne nous serait parvenu qu'une partie de l'enquête et de l'interrogatoire de Ravaillac. Le Parlement lui aurait fait appliquer la question et aurait tenu secrètes les dépositions de l'assassin et des témoins compromettants. C'est ce qui résulterait de ces mots inscrits sur le manuscrit contenant l'extrait du procès-verbal qu'on a publié depuis cette époque, mots que nous avons rapportés ci-dessus. Michelet chercha en vain aussi la transcription des pièces principales de la procédure sur les registres du Parlement. La place y est vide. D'après une note des papiers Fontanieu conservés à la Bibliothèque nationale, note copiée par M. Capefigue, le conseiller rapporteur du procès aurait détourné le dossier pour le renfermer dans une cassette qu'il fit sceller dans le mur de sa maison à l'angle des rues St-Honoré et des Bons-Enfants. Il y aurait joint la fameuse feuille de papier sur laquelle le greffier avait écrit les noms murmurés, dit-on par Ravaillac, quelques instants avant d'expirer. Ces papiers parvinrent à la famille parlementaire Joly de Fleury qui communiqua à quelques savants la feuille dont nous venons de parler. Quoiqu'elle fût peu lisible, on y aurait distingué encore le nom du duc d'Épernon et même celui de la Reine.

Sans partager tout à fait la conviction de l'illustre historien au sujet des prétendues révélations fournies par ces mystérieux documents, dont l'authenticité et même l'existence ne sont nullement prouvées, il est certain que les interrogatoires de Ravaillac ne démontrent nullement qu'il n'ait pas eu de complices. Même en rejetant comme apocryphe le récit des aveux faits au moment suprême, l'obstination de Ravaillac ne nous paraît pas comme à M. Poirson dans son Histoire de Henri IV, une preuve morale presque invincible de véracité de sa part. « Pour nous, dit-il, la vérité est dans cette parole d'un mourant, d'un chrétien d'une foi vive et fervente, en présence de l'éternité, de son salut ou de sa damnation, car son confesseur le dévoua à l'enfer s'il n'avouait ses complices ; il y nia une dernière fois qu'il n'en avait pas, et se soumit à la damnation éternelle s'il mentait. » Mais Henri Martin fait remarquer avec raison « que c'est méconnaître la perversion totale d'esprit comme de cœur à laquelle certaines doctrines, celle surtout des restrictions mentales, avaient amené de tels chrétiens, très capables d'entrer dans l'éternité, une fraude pieuse à la bouche. »

On ne saurait donc tirer une objection grave des contradictions que présentent les interrogatoires de Ravaillac et de Servais Oudot pour rejeter la déposition de celui-ci comme absolument fausse et fantaisiste. Cette dernière ne renferme qu'un seul fait manifestement erroné ; c'est l'affirmation que Ravaillac est originaire de la Savoie quand il est certain qu'il est né à Angoulême où il avait presque toujours habité jusqu'à son crime (1). Mais nous verrons plus loin comment Servais Oudot a pu être induit en erreur à cet égard ; et cette erreur semble jusqu'à un certain point corroborer la véracité de son récit.

IV.

Nous ne nous arrêterons ni aux narrations, ni aux appréciations des historiens officiels de l'époque, les Mathieu, les Pasquier qui n'ont reproduit que ce que la Cour et le Parlement ont bien voulu laisser connaître du procès de Ravaillac à l'opinion publique. Il est probable même, comme le laissent deviner quelques-unes de leurs réticences, qu'ils en savaient plus long qu'ils n'en ont écrit. Nous passerons aux témoignages contemporains de personnages plus indépendants : de l'Estoile, de Sully et de deux aventuriers : la dame d'Escoman et le sieur Dujardin de la Garde. Tous affirment que la mort de Henri IV fut le résultat d'un complot, que Ravaillac fut excité directement ou indirectement à l'assassiner, et même qu'il eut peut-être des complices dans l'exécution matérielle de l'attentat. Il ne sera donc pas dépourvu d'intérêt de comparer les allégations de ces quatre personnages avec celles de Servais Oudot.

L'Estoile, qui aimait Henri IV, commence par dire que « dans les procès de son assassin, la lâcheté des magistrats pour découvrir les auteurs et complices a été si grande

---

(1) Voir pour tout ce qui concerne la famille de Ravaillac et sa jeunesse, l'ouvrage de M. Callandreau : *Ravaillac, la maison où naquit le régicide*, etc. Paris, Alphonse Picard, 1884.

qu'elle fait mal au cœur de tous les gens de bien et particulièrement à moi que j'en ai fait tomber la plume des mains pour n'en écrire davantage.» Il fait remarquer que le jour même de l'assassinat, tout semblait préparé d'avance pour un nouveau gouvernement. Henri IV n'était sorti du Louvre qu'à quatre heures, et avant cinq heures, c'est-à-dire moins d'une demi-heure après l'attentat, le duc d'Épernon avait déjà rassemblé les gardes sur le Pont-Neuf et fait investir par eux le Parlement, en le sommant d'avoir à donner promptement et sans délibération la régence à la Reine. On peut, il est vrai, objecter que comme de nombreuses tentatives criminelles avaient déjà eu lieu contre la vie du Roi, la possibilité de sa mort violente avait été prévue par son entourage et que les mesures à prendre dans le cas où cet évènement se produirait, avaient été arrêtées à l'avance.

Mais, dès le 17 mai, dit l'Estoile, on criait et vendait dans les rues le portrait en taille douce du nouveau roi. Comment expliquer qu'en quarante-huit heures cette gravure en taille douce ait pu être faite, tirée et mise en vente, avec trois imprimés en bas énonçant les titres et qualités de Louis XIII. L'Estoile parle des nombreux avis qui furent donnés au Roi « de l'entreprise que l'on devoit faire sur sa personne, surtout d'un billet qui longtemps avant le parricide fut trouvé sur l'autel de l'église de Montargis, au sujet d'un grand rousseau, natif d'Angoulême (telle étoit la couleur de Ravaillac), qui devoit tuer le roi d'un coup de couteau, billet même dont il y eut procès-verbal qui fut envoyé à M. le Chancelier.» Enfin il rapporte avec Nicolas Pasquier dans sa première lettre, qu'au moment même de la mort de Henri IV, le prévôt des maréchaux de la ville de Pluvier en Gâtinais (Pithiviers), dit à plusieurs personnes avec qui il jouait à la boule, que le Roi venait d'être tué. Cet homme, mauvais sujet d'ailleurs, était fort attaché à la marquise de Verneuil et au sieur d'Entragues, son père. Mais dans la crainte qu'il ne parlât, il s'étrangla lui-même ou bien on l'étrangla à la Conciergerie, et son corps fut traîné sur la claie le 19 juin 1610 (1). Or il est assez curieux de voir Servais Oudot déclarer qu'il a séjourné à plusieurs reprises à Pluvier en Gâtinais. Il y a là une concordance remarquable entre son assertion et le fait raconté par l'Estoile, fait qu'il vient ainsi confirmer. Rien ne s'oppose à admettre qu'à Pluvier en Gâtinais il ait pu connaître et fréquenter ce prévôt des maréchaux qui ainsi aurait eu vent de ses projets. Il est assez extraordinaire aussi de ne pas trouver trace dans les divers interrogatoires de Ravaillac de questions se rapportant à ce prévôt que des magistrats, pour peu qu'ils aient eu le désir de rechercher la vérité, eussent dû immédiatement confronter avec le régicide.

Sully, comme l'Estoile, atteste que Henri IV fut à plusieurs reprises prévenu de l'attentat qu'on projetait contre lui et il s'étend longuement sur les avis qu'il reçut d'une femme galante, la d'Escoman, qui avait été au service de la marquise de Verneuil. Plus tard, en janvier 1611, cette femme dénonça formellement dans un factum qui nous est parvenu (2) le duc d'Épernon et la marquise comme les instigateurs du crime de Ravaillac. D'après elle, en 1606, à l'église St-Jean en Grève et pendant les offices du soir, d'Épernon aurait eu avec l'ancienne maîtresse du Roi un entretien dans lequel fut arrêté entre eux le projet de faire mourir Henri IV. Ils cherchèrent de côté et d'autre un fanatique pour exécuter le coup, sans pouvoir le trouver immédiatement. Mais en 1609, Ravaillac serait venu de Naples à Paris où il séjourna de l'Ascension à la Fête-Dieu. C'est à ce moment qu'il serait entré en relations avec la marquise de Verneuil, et la d'Escoman ayant pu lui parler particulièrement, aurait fini par lui faire avouer le but de son voyage. « Cette d'Escoman, dit Michelet, jusque là digne confidente de Henriette, femme galante et de vie légère,

---

(1) L'Estoile, *Journal de Henri IV*. Tome IV, p. 124.

(2) *Archives curieuses*, Tome XV. — *Recueil de pièces historiques et curieuses*, Tome I.

était pourtant un bon cœur, charitable, humaine. Dès ce jour elle travailla à sauver le Roi ; pendant une année entière elle y fit d'étonnants efforts, vraiment héroïques, jusqu'à se perdre elle-même. » Elle chercha à parvenir jusqu'à la Reine, voyant les billets qu'elle écrivait au Roi sans réponse. Grâce à d'actives démarches, elle obtint de pénétrer dans son appartement et attendit pour lui parler qu'elle passât dans la garde-robe ; mais la Reine ne vint pas et la d'Escoman, dont le zèle avait fini par porter ombrage à divers personnages de la Cour, fut arrêtée. Elle était en prison lorsque l'attentat eut lieu. Cependant, du fond de sa prison et avant la mort du Roi, elle n'aurait cessé de tenter de faire passer encore des avis à Henri IV et à la Reine. A la nouvelle de l'assassinat, elle parvint, quelques mois après, à faire circuler le factum où elle dénonçait le complot et qui fut publié cinq ans plus tard (1616). Ses révélations émurent si vivement l'opinion publique, que malgré le désir qu'avaient la Cour et le Parlement de ne plus revenir sur cette affaire que le supplice de Ravaillac semblait avoir dû étouffer, le président de Harlay jugea de son devoir d'interroger la d'Escoman. Il fut si frappé de l'accent de vérité avec lequel elle répondit, comme de l'importance des faits qu'elle révéla, qu'il fit arrêter deux des gens de d'Entragues, père de la marquise, cita et interrogea d'Épernon et Madame de Verneuil. Ceux-ci, de leur côté, portèrent plainte en calomnie et demandèrent la mort de l'accusatrice. Le procès dura six mois et se termina par un arrêt qui déchargea toutes les personnes accusées par la d'Escoman et la condamna à une prison perpétuelle (juillet 1611, Henri Martin). « Elle fut enfermée aux Filles repenties et on lui bâtit dans la cour de ce couvent une loge mûrée, sauf un petit trou grillé ; c'est là dans l'ordure, grelottante, affamée, pleurant pour le rebut des chiens, dit Michelet, qu'elle finit ses jours, sans s'être démentie, protestant à l'heure suprême qu'elle s'était dévouée pour sauver Henri IV et demander justice de sa mort. » L'opinion de l'Estoile et de Sully est tout-à-fait favorable à la d'Escoman (1), dont le factum écrit dans le style alambiqué et incohérent de l'époque, concorde sur plusieurs points avec un document beaucoup plus sérieux, le manifeste du sieur Dujardin de la Garde, autre accusateur de la Reine, du duc d'Épernon et surtout du gouvernement espagnol (2). Ce personnage était le fils d'un plâtrier de Rouen ; s'étant enrôlé dans les gendarmes de la compagnie de Biron, il prit ou reçut alors le nom de la Garde. Il prétendit avoir connu dans cette compagnie Ravaillac qui, après l'exécution de Biron, serait entré au service du duc d'Épernon. La Garde revenant d'une expédition en Italie et passant par Naples y fut accosté « de quelques réfugiés françois qui avoient été du parti de la Ligue et, entre autres, d'un nommé Charles Hébert, jadis secrétaire du maréchal de Biron et qui vivoit là des pensions d'Espagne, ayant trempé dans la conspiration du maréchal. » Il se lia avec lui et comme il dînait un jour dans sa maison, il y vit « le misérable Ravaillac qui étoit habillé d'écarlate et qui disoit être envoyé là de la part de M. d'Épernon. » Un certain jésuite nommé Alagon (3) oncle du duc de Lerme, ministre de Philippe III, lui parla du mal fait à la religion par Henri IV et du mérite qu'il y auroit à le tuer, phrase horrible, dit la Garde, à tout homme, mais surtout à un religieux. Il lui montra Ravaillac en disant : « ce brave cavalier promet de le tuer à pied ; oui, répondit ce pendard, en quelque lieu que je le trouve. Et vous, continua Alagon, il faut que vous entrepreniez la même chose à cheval, et quand vous aurez fait le coup à la chasse ou ailleurs, gagnez St-Cloud et vous retirez chez Mademoiselle...... » La Garde, voyant le péril où il se

---

(1) Voir dans l'ouvrage de M. Loiseleur, cité ci-dessus, la discussion des faits rapportés dans le factum de la d'Escoman.

(2) Recueil de pièces historiques et curieuses. Tome I. Delft, J. Verburger. 1717.

(3) Il ne faut pas confondre ce personnage avec le provençal Alagon, aussi agent du gouvernement espagnol et conspirateur, qui avait été exécuté en 1605 et n'était nullement parent du duc de Lerme. Ce dernier était prévôt de Meyrargues, en Provence, et avait tenté de livrer Marseille à l'Espagne.

trouvait au milieu de ces conspirateurs, « dissimula en demandant les moyens nécessaires pour exécuter le coup, et se retirant chez lui, se présenta le lendemain avant le jour pour découvrir le tout au seigneur Zamet, frère du fameux financier Zamet, fort aimé de Henri IV, lequel par la poste de Rome en avertit son frère. » Puis il quitta secrètement Naples, gagna Rome où il parla à l'ambassadeur de France M. de Brèves, afin qu'il prévînt le Roi de se tenir sur ses gardes et joignit à cet avis le signalement de Ravaillac. Non content de cela, il vint à Fontainebleau trouver le Roi, lui parler et lui tout découvrir; il lui montra même une lettre qu'il venait de recevoir de Naples et dans laquelle on l'exhortait à exécuter le coup. Henri IV lui aurait dit : « mon ami, tranquillise-toi ; garde bien ta lettre, j'en aurai besoin. Quant aux Espagnols, vois-tu ? je les rendrai si petits qu'ils ne pourront nous faire du mal. » La Garde fut ensuite recommandé au grand maréchal de Pologne avec qui il partit pour l'Allemagne et la Hongrie. Ce fut en rentrant en France, près de Metz, qu'il apprit l'assassinat du Roi. « Sur le champ, dit-il, il éclata en cris et fondit en larmes et se découvrit de la conjuration de Naples et du peu de compte qu'on avoit tenu de ses avis. Aussi, à une journée de là, fut-il attaqué par une troupe de la garnison de Metz, dont M. d'Épernon avoit recouvré la citadelle aussitôt après la mort du Roi ; il fut percé de plus de vingt coups et laissé pour mort dans un fossé. Il se retira de là demi-mort et se traîna, criblé de blessures, de lieu en lieu jusqu'à Paris. »

La Garde arriva, en effet, à Paris, au moment où l'opinion publique était le plus émue des révélations de la d'Escoman. Il y joignit les siennes et montra ses blessures. « Pour réparation, dit Michelet, il eut la Bastille. » Il allait y rester près de cinq années. Toutefois, cet emprisonnement avait peut-être pour but de le soustraire au poignard des assassins qui avaient mission de le faire périr, car Luynes, alors maître de l'esprit du jeune roi, tenait à garder précieusement un témoin contre le duc d'Épernon. Ce qu'il y a de certain, c'est que ce fut à la Bastille que la Garde écrivit, fit imprimer et publier son factum. Pendant ses cinq années de détention, il fut interrogé plus de quarante fois par deux conseillers au Parlement sans pouvoir obtenir un arrêt de décharge. Mais quand, en 1619, il sortit enfin de la Conciergerie, Louis XIII lui accorda l'office de contrôleur des bières de la ville de Paris et un brevet de 600 livres de pension dont il jouit jusqu'à sa mort arrivée en 1626. Ce traitement n'est certes pas celui réservé ordinairement à un vulgaire calomniateur ; il prouve que le roi Louis XIII jugeait, tout au moins, que la bonne foi de la Garde ne devait pas être mise en suspicion ; qu'il considérait ses révélations comme sérieuses et renfermant quelque vérité relativement aux circonstances de la mort de son père. D'après Henri Martin, « il n'est pas douteux que ces deux personnages (la d'Escoman et la Garde) n'eussent, en effet, avant 1610, adressé des avis à Henri IV contre le duc d'Épernon ; mais il est possible qu'ils y aient mêlé Ravaillac, seulement après coup, pour se donner de l'importance (1). » Quoi qu'il en soit, les deux manifestes que nous venons d'analyser, concordent pour montrer l'assassin de Henri IV comme ayant voyagé en Espagne et en Italie. S'il est réellement allé à Naples, il se peut que Servais Oudot se soit lié avec lui, à son retour, lorsqu'il traversait la Savoie. Quant aux nom et prénom de Jean Joffroy qu'il lui donne, Ravaillac a bien pu les prendre dans ses diverses pérégrinations. Il n'est pas jusqu'à cette origine savoyarde dont il le fait sortir qui ne puisse s'expliquer, car la famille de Ravaillac devait avoir des relations et peut-être même des parents, sinon en Savoie, du moins dans la partie méridionale du comté de Bourgogne qui y confine ; c'est là qu'elle vint se retirer après son expulsion du royaume de France.

(1) Tous deux, en effet, ne s'accordent pas quant au signalement qu'ils donnent de Ravaillac.

M. Francis Wey a le premier constaté (1) qu'il existait au hameau de Rosnay, dépendant de la commune de Lavigny, près de la gorge de Baume-les-Messieurs, arrondissement de Lons-le-Saulnier (Jura), une famille du nom de Ravaillard, dont la généalogie, parfaitement établie, fait remonter les descendants actuels (car il en existe encore), à l'un des frères de l'assassin de Henri IV. La désinence *ard* du nom de Ravaillard ne doit rien préjuger contre la réalité du fait. Les Comtois, dit Francis Wey, transforment toutes les terminaisons en *ac*, et il cite à l'appui le journal du bisontin Bonnet, contemporain de Henri IV, dans lequel on lit cette phrase : « Celui qui l'a tué (le Roi) se nomme François Ravaillard, lequel a esté exécuté cruellement et a toujours maintenu que, ce qu'il en avoit fait, c'estoit pour éver (soulager) le public de la tyrannie d'iceluy, et la chrestienté d'estre oppressée par luy et ses adhérents, comme l'apparence en estoit notoire, Dieu soit loué ! Ledit François Ravaillard fut exécuté le 27ᵉ may en la ville de Paris fort cruellement. » Le parisien Pelletier, dans son *Discours lamentable sur l'attentat et parricide commis en la personne de très heureuse mémoire Henri IV, Roy de France et de Navarre*, n'appelle jamais, d'ailleurs, l'assassin que François Ravaillard, comme Bonnet et Servais Oudot. Mais ce qu'il y a de plus singulier, c'est que le frère de Ravaillac qui vint habiter le hameau de Rosnay portait le prénom de Geoffroy, prénom qu'avait pris le régicide comme nom patronymique dans ses divers voyages. Ce Geoffroy Ravaillac était, d'ailleurs, un assez mauvais sujet qui, antérieurement à 1610, avait déjà été compromis dans une affaire de meurtre. Enfin les deux frères avaient un cousin germain portant le même nom qu'eux et le prénom de Jean, qui, d'après les recherches de M. Babinet de Rencogne, se serait retiré dans le Dauphiné, non loin par conséquent de la Savoie. Il y a là un ensemble de faits qui paraissent

(1) Article consacré à don Jean de Watteville. *Musée des Familles*. Tome XI, p. 289-296.

converger pour démontrer que Servais Oudot a dû connaître peut-être Ravaillac, en tous cas sûrement son frère ou son cousin. Ajoutons que la tradition de la contrée veut que François Ravaillac, le régicide, soit venu habiter quelque temps avant son crime dans la chaumière, ou plutôt la tanière, qui abrita les Ravaillard pendant plus de deux siècles. Elle n'est tombée en ruines qu'il y a une vingtaine d'années et le lieu où elle s'élevait a conservé l'appellation de Champs-Ravaillard. Le dernier descendant mâle de Geoffroy Ravaillac résiderait aujourd'hui dans la commune de Voiteur (chef-lieu de canton de l'arrondissement de Lons-le-Saulnier), à dix kilomètres de Rosnay (1).

V

Ainsi la déposition de Servais Oudot qui est en contradiction avec les interrogatoires de Ravaillac, vient au contraire, jusqu'à un certain point, confirmer ce que rapportent l'Estoile, Sully, les factums de la d'Escoman et de Dujardin de la Garde au sujet de la mort de Henri IV. Faut-il en conclure pourtant que tous les faits qu'elle renferme doivent être tenus comme parfaitement exacts? Étant donné l'état mental du personnage tel que nous avons essayé de le faire ressortir plus haut, on n'oserait vraiment pas l'admettre. Toutefois, dans leur ensemble, ses révélations en ce qui concerne l'assassin du Roi nous paraissent pouvoir être considérées comme sérieuses. On ne voit pas, en effet, l'intérêt qu'il eût eu à se dénoncer lui-même comme le complice de Ravaillac, ni en quoi cet aveu eût pu donner du poids aux accusations qu'il portait contre ses prétendus persécuteurs, Thiébaud Bailly et Nicolas Chardin, si ce n'est qu'il pensait peut-être se donner ainsi une certaine importance. Il est vrai aussi qu'à cette époque régna une sorte de folie dont Richelieu parle en ces termes dans ses

(1) Voir l'ouvrage de M. Amédée Callandreau, cité ci-dessus, p. 129 et suivantes.

Mémoires : « la maladie de penser à la mort des rois étoit si pestilentielle, que plusieurs esprits furent à l'égard du fils, touchés et saisis d'une fureur semblable à celle de Ravaillac au respect du père. » Ce n'était plus du fanatisme, dit Henri Martin, mais cette étrange monomanie d'imitation que les crimes éclatants traînent souvent après eux (1). Mais, en somme, ses révélations sont accompagnées, entourées de détails exacts sur les circonstances de la mort du Roi, circonstances qui ont dû être vues pour être aussi bien décrites par un illettré.

Du reste, quand la monomanie, la folie même de Servais Oudot seraient encore plus manifestes, cela ne prouverait nullement qu'il n'eût pas participé à un des nombreux complots tramés de 1600 à 1610 contre la vie de Henri IV. Ravaillac lui-même ne doit-il pas être considéré, sinon comme un fou complet, du moins comme un visionnaire dangereux ? C'est l'opinion de Mathieu qui le vit presque immédiatement après son arrestation, et lorsqu'il était encore enfermé à l'hôtel de Retz. « Comme il m'eust dit qu'il avoit été feuillan et chassé de ceste compagnie pour avoir composé quelques escrits de certaines visions et méditations sur les jugements de Dieu, je reconnus bien que la mélancholie lui avoit brouillé l'esprit de ses fumées, l'avoit rendu susceptible de suggestions et impressions diaboliques et que la torture éprouveroit plutôt son obstination qu'elle ne contraindroit sa conscience. Il avoit imprimé à son imagination une créance toute contraire à la piété et justice du Roy. Plusieurs, ayans judicieusement considéré ses façons et ses mouvements, ont cru que les visions qu'il avoit tant en veillant qu'en dormant, les voix intérieures qui le troubloient de jour et de nuit, et tant d'autres violentes impulsions estoient marques certaines du Diable. Un homme qui a couché souvent avec luy, a dict qu'un esprit l'éveilloit et tourmentoit de nuit, et quand on luy

---

(1) *Histoire de France*. Tome XI, p. 13.

demandoit qui c'estoit, il respondoit : c'est mon oncle qui demande de l'allègement à ses peines. » Chez Ravaillac, ce furent l'exaltation religieuse, le fanatisme, la vieille lie des passions ligueuses qui tournèrent à la folie et au meurtre une âme superstitieuse et sombre. La science moderne a démontré que c'est sur des intelligences et des consciences ainsi dévoyées que l'hypnotisme a le plus d'empire. Mathieu remarque que l'esprit de Ravaillac lui parut « comme charmé, susceptible aux suggestions diaboliques. » Quelles furent les suggestions diaboliques qui le poussèrent au crime ? Avec un homme si bien né pour la chose et si vraiment meurtrier, dit Michelet, les excitations directes étaient inutiles, mais la lecture des ouvrages préconisant l'assassinat des princes hérétiques, l'audition de sermons indirectement provocants, la société des moines et des prêtres les plus bigots et violents suffisaient. Quand son esprit fut ainsi préparé au crime, on n'eut besoin que d'un mot, peut-être du propos de ce soldat qui lui dit que le Roi allait faire la guerre au Pape, pour lui faire mettre à exécution l'idée fixe qui l'obsédait. C'est aussi l'opinion du judicieux Mézeray : « Ceux qui avoient prémédité de se défaire du Roi, dit-il, trouvant cet instrument propre pour exécuter leur dessein, surent bien le confirmer (Ravaillac) dans ses sentiments ; ils trouvèrent des gens à leur posté (pouvoir) qui l'obsédèrent continuellement, sans qu'il crut être obsédé ; qui le firent instruire par leurs docteurs et lui enchantèrent l'esprit par des visions supposées et autres semblables artifices. Cependant ils lui faisoient fournir quelque argent de fois à autres, sans qu'il sçût précisément d'où il venoit ; mais c'étoit toujours fort petitement, de peur que s'il eût été à son aise, il n'eût perdu cette dangereuse pensée. Il y a des preuves qu'ils le menèrent jusqu'à Naples, et que là, dans une assemblée qui se fit au logis du Vice-Roy, il s'en trouva plusieurs autres qui s'étoient dévoués à une même fin. Ils le firent venir d'Angoulême à Paris deux ou trois fois ; enfin ils le conduisirent si bien à leur gré qu'ils accomplirent par sa main sacrilège la détestable résolution de leur cœur. »

La tête faible de Servais Oudot pouvait aussi facilement être excitée au meurtre. Chez lui, il est vrai, on ne fit pas appel au fanatisme religieux, sa monomanie n'étant pas portée de ce côté. Mais on put facilement surexciter dans son esprit malade ses sentiments d'étroit patriotisme franc-comtois, d'autant plus que Henri IV venait de ravager son pays et qu'on annonçait que la guerre allait de nouveau être déclarée à l'Espagne. Oudot le laisse entendre lui-même dans son interrogatoire lorsqu'il dit « qu'aucuns de ses parents (à présent trépassez) l'induirent d'entreprendre de tuer ou de faire tuer le feu roy de France, à quoi il s'accorda pour les grandz maux qu'il voioït advenir par le moyen dudit Roy. » Le souvenir de la sanglante incursion de Henri IV dans le comté de Bourgogne en 1595, de celle de son cousin Tremblecourt avec ses lorrains dans le bailliage d'Amont, des incendies de Vesoul, Arbois et Lons-le-Saulnier et de nombreux villages saccagés, de la mort du capitaine Morel et des échevins de Lons-le-Saulnier glorieusement pendus pour avoir tenté de résister aux ennemis de leur pays, était encore présent dans toutes les mémoires et excitait aussi bien dans les basses classes de la population que chez la noblesse et la bourgeoisie, une haine violente contre la France et son Roi. Ce n'est pas seulement le marchand ambulant Servais Oudot qui redoute les grands maux qu'il croit devoir advenir du fait du roi de France, mais ainsi que nous l'avons vu plus haut, l'avocat bisontin Bonnet ne cache pas la joie qu'il éprouve du succès de l'entreprise de François Ravaillac qui est à ses yeux un martyr, « cruellement exécuté pour avoir délivré le public de la tyrannie d'iceluy roy et la chrestienté d'estre oppressée par luy et ses adhérents, comme l'apparence en estoit notoire. Dieu soit loué. » Il pensait donc comme Oudot et ses parents, comme la plupart des franc-comtois d'alors, que Henri IV était un tyran et un ennemi de la religion

3

catholique ; c'était donc faire œuvre de bon citoyen et de bon chrétien que de conspirer contre sa vie.

D'ailleurs la Franche-Comté, pays pauvre dont toute la population, depuis la vieille noblesse jusqu'aux paysans, était besoigneuse et endettée, fournissait depuis un demi siècle à l'Espagne et aux Pays-Bas surtout, des gentilshommes et des aventuriers résolus à ne reculer devant rien pour faire fortune. L'un d'eux, Charles de Largilla, gouverneur de Landrecies, avait à la fin du XVIe siècle concentré longtemps entre ses mains tout le service d'espionnage que la cour d'Espagne faisait pratiquer en France (1). En 1602, on voit un certain André de Chauvel, du pays de Bourgogne, recevoir 200 livres pour les frais par lui supportés pendant sa détention à Calais où il avait été enfermé, les fers aux pieds, ayant été surpris avec ses espions, en train d'exécuter « l'affaire secrète qu'ilz menoient pour le service de Leurs Altesses les Archiducs. » On lui accorda, en outre, une gratification de 250 livres en considération des services secrets qu'il rendait depuis plus de trois ans (2). Plus tard, il fut même nommé directeur et receveur des mines de cuivre de Château-Lambert et du comté de Bourgogne. Enfin n'était-ce pas la Franche-Comté qui, quelques années auparavant, avait fourni à l'Espagne le fanatique qui venait de la délivrer de Guillaume d'Orange ? Cet odieux assassinat, bien loin d'avoir excité la réprobation générale dans le pays, avait été récompensé par des lettres de noblesse, accordées par Philippe II aux frères et sœurs de Balthazar Gérard (3), qui trouvèrent à s'allier aux meilleures familles de la province. Cette haute récompense explique très bien les propos rapportés par Oudot et les motifs qui détermi-

(1) *Archives du Nord*. B. 2626. Compte de la Recette générale des Finances. Année 1574.

(2) *Idem*. B. 2812. Compte de la Recette générale. Année 1604, f°s 608 et 609.

(3) Anoblissement de Jacques, Antoine, Louis, Bernard, Marguerite, Claudine et Philiberte Gérard, 4 mars 1589. Registre des anoblissements, folio 66, aux Archives du Doubs.

nèrent les parents de Ravaillac à se retirer dans le comté de Bourgogne lorsqu'ils furent expulsés de France.

Le monastère Saint-Vincent de Besançon qui, à la fin du XVIe siècle, eut pour abbés le cardinal de Madruche et Pierre de Tolède, grand aumônier des Archiducs, était devenu un foyer d'intrigues et de conspirations contre la France. En 1599, le jacobin belge Ridicoux, à l'instigation du nonce Malvezzi, mais toutefois à l'insu de la cour de Rome, était arrivé à Paris sous le faux nom de Charles d'Avesnes pour y chercher l'occasion de tuer le Roi. Mais la conspiration fût éventée et Ridicoux arrêté ; il parvint à corrompre son geôlier et à s'enfuir. Il gagna la Franche-Comté par Troyes, Langres et Dijon, s'enfonça dans les montagnes du côté de l'abbaye de Montbenoît et se cacha dans un ermitage qui lui avait été préparé pour retraite. Quand il crut que sa trace était perdue, il en sortit et alla à Saint-Nicolas en Lorraine où il vit les parents de Jean Châtel qui, après leur bannissement, s'y étaient retirés. De là il passa à Liège, puis revint à Gand où il ne tarda pas à reprendre son projet d'assassinat sur la personne de Henri IV. Dans ce but il retourna en Franche-Comté et vint séjourner un mois ou deux à l'abbaye Saint-Vincent de Besançon où il eut plusieurs conférences secrètes avec des personnages s'intéressant au succès de son entreprise. Il en partit avec un autre moine nommé Viardot et voyageant tous deux sous l'habit d'ermites, ils gagnèrent Dijon, Langres et Grancey. Ce fut dans cette dernière localité que Ridicoux s'ouvrit, par erreur, de ses projets à une personne qu'il croyait dévouée à l'Espagne, un sieur Pierre Morel, qui immédiatement fit prévenir la cour de France. Aux portes de Paris les deux faux ermites furent arrêtés et déférés au Parlement. Ridicoux fut condamné à mort et exécuté le 11 avril 1599 en place de Grève, avec un capucin du diocèse de Tulle, Nicolas Langlois, qui avait quitté son couvent et, déguisé en maçon, avait tenté de pénétrer au Louvre, sans avoir pu dire au moment de son arrestation quels étaient les motifs de sa conduite, avouant seulement qu'ils « estoient horribles à penser. »

Dans son interrogatoire devant le Parlement, Charles Ridicoux reconnut qu'il avait été induit dans ses mauvais desseins « par les fréquentes prédications et continuelles disputes aux écholes, et que partout, dans les Pays-Bas, aux églises, aux lieux publics, aux festins et tables des particuliers l'on exaltoit de louanges Jacques Clément comme un glorieux martyr, et qu'il croyoit faire chose agréable à Dieu d'exterminer un usurpateur qui, sans aucun droit légitime, troubloit un royaume très chrétien, avec la perte de tant d'âmes ; c'est pourquoy à la poursuyte du nonce du pape qui luy mettoit la gloire de Dieu devant les yeux et l'authorité du Pape, il se délibèra d'exécuter l'entreprise ; mais lorsqu'il vit que son premier dessein n'estoit réussi, il se fit promouvoir aux ordres et se repentit du tout ; qu'il n'avoit été à Rome à autre intention que pour retirer du nonce Malvezzi l'argent qu'il avoit employé inutilement et le luy demander en vertu de sa promesse ; il adjouta que le nonce ne laissa de le persuader de nouveau, et sur ses persuasions qu'il fut trouvé Charles Servius qui faisoit la charge à Rome de grand pénitencier pour les Flamands pour luy consulter ce fait, lequel non-seulement le détesta, mais mesme blâma de témérité Malvezzi d'avoir interposé l'authorité de l'Eglise en une chose à quoy le Pape estoit fort contraire ; que depuis il fit paraître au Pénitencier qu'il n'avoit pas du tout osté de son esprit ce mauvais dessein, ce qui fut cause qu'il changea ses premières remontrances et lui témoigna qu'il n'improuvoit pas beaucoup son entreprise ; mais après que le Pénitencier eut reconnu qu'il s'en repentoit du tout, il changea de visage et détesta ce mauvois dessein et luy défendit fort estroittement qu'il ne découvrit à personne du monde ce qu'il avoit ouy dudit Malvezzi (1). »

(1) Extrait de la « Relation de l'attentat que Fr. Charles Ridicoux, jacobin de Gand, a voulu faire sur le roy Henri IV, à la sollicitation du sieur Malvezzi, nonce en Flandre.

Les mêmes sentiments, ainsi que nous l'avons vu, régnaient en Franche-Comté comme dans les Pays-Bas et produisaient les mêmes excitations. Il est donc très vraisemblable que Servais Oudot, sous l'empire de cette sorte de monomanie du régicide qui sévissait alors, ait conçu le dessein de tuer Henri IV. A-t-il réellement connu Ravaillac voyageant sous le faux nom de Jean Joffroy comme Ridicoux sous celui de Charles d'Avesnes, pour dépister les soupçons qu'on aurait pu avoir sur leurs personnes? Ce sont des faits qui, ainsi que nous avons essayé de le démontrer, ne peuvent être ni affirmés, ni niés. Il est certain, en effet, qu'Oudot a pu assister à l'attentat et s'enfuir ensuite sans être inquiété, car d'après le récit de Mathieu, Ravaillac, avec un peu de présence d'esprit, en eût facilement fait autant. Si, au lieu de rester immobile, le couteau encore sanglant à la main, il se fût jeté dans une des rues étroites et transversales qui se trouvaient près de là, il se serait perdu dans Paris bien avant que les seigneurs qui accompagnaient le Roi eussent été remis de leur stupeur. Bien plus, « au moment même où l'assassin était saisi, où le baron de Courtomer recevait du marquis de la Force l'ordre d'aller en hâte prévenir Sully, il aperçut, dit M. Loiseleur, huit à dix hommes à pied et deux à cheval qui, jurant et se précipitant sur Ravaillac, criaient : « Il faut qu'il meure ! » Courtomer, pour leur arracher le meurtrier, dut s'élancer sur eux; l'épée nue, et ils se perdirent aussitôt dans la foule. »

Pour M. Loiseleur, « ces hommes étaient les agents d'autres conspirateurs (d'Épernon et la marquise de Verneuil), qui savaient que le 14 mai était le dernier jour où l'on pût se défaire du Roi. Ils étaient en force, assez nombreux pour lutter avec succès contre sa faible suite.

---

son exécution et celle du frère Nicolas Langlois, capucin, pour le mesme sujet », d'après une copie qui se trouve dans les papiers Godefroy, à la Bibliothèque de Lille. Cette relation est résumée en partie dans le livre CCXXIII de l'*Histoire Universelle* de de Thou.

Sans doute, ils crurent que l'assassin était un des leurs et voulurent, en le tuant aussitôt, étouffer des révélations dont ils avaient tout à craindre. » (1). Servais Oudot n'a-t-il pas fait partie de ce groupe d'hommes qui, lorsque le président de Harlay, frappé de la déclaration du baron de Courtomer, voulut les faire rechercher, devinrent tout à fait introuvables. (1)

VI.

Il n'y a donc pas contradiction absolue entre la déposition de Servais Oudot et les circonstances dans lesquelles fut commis le crime de Ravaillac, sans pourtant que l'on puisse affirmer que ces deux individus se soient connus et qu'ils soient complices dans le sens légal du mot. Il est cependant plus vraisemblable d'admettre que tous deux isolément ont formé le même projet soit spontanément, soit plutôt grâce aux mêmes instigations, et qu'ils se trouvèrent l'un et l'autre à Paris, en même temps et dans le même but. Il est très probable aussi que d'autres assassins y étaient avec eux. « Ce qu'on peut regarder comme certain, dit Henri Martin, c'est que plus d'un fanatique avait conçu des projets semblables, soit spontanément, soit à l'instigation de ceux que menaçaient les armes de Henri IV et que si Ravaillac eût échoué, d'autres eussent pris sa place. » Tout porte à penser que Servais Oudot était un de ceux-là, et que Paris était, en 1610, rempli de sicaires ayant pour mission de tuer le Roi. On ne l'ignorait même pas dans son entourage. Le dimanche qui précéda l'attentat (9 mai), un ancien prêtre devenu soldat, rencontrant près de Charenton la veuve de son capitaine qui allait au prêche, lui dit de quitter Paris, qu'il y avait plusieurs bandits appostés par l'Espagne pour tuer le Roi, l'un entre autres habillé de vert, qu'il y aurait grand trouble dans la ville et danger pour les Huguenots.

(1) Loiseleur. Ouvrage cité ci-dessus ; p. 101 et 102.

L'Estoile rapporte aussi que le samedi 29 mai fut pris prisonnier près du Temple, à Paris, « un grand vaurien de maçon (que chacun tenoit pour un très mauvais garnement), auquel accusé d'avoir par plusieurs fois médit du feu Roy, menacé celui-ci et la Reine, fut trouvé un grand couteau (avec des lettres) de la forme et façon approchante de celui de Ravaillac, sur lequel même on disoit qu'on avoit trouvé gravé ces mots : « Je le ferai à mon tour. » Il fut pris par un commissaire nommé Cointereau, demeurant à la Bannière de France, au marché Palus, que j'ai vu autrefois servir de clerc à M. le lieutenant criminel. Ce manant (le maçon) étoit pensionnaire de l'Archiduc, duquel on disoit que depuis peu il avoit touché encore 200 pistoles. » (1).

L'Estoile ne se trompe pas, selon nous, en voyant dans ces assassins des émissaires de l'Espagne. Jamais, en effet, ainsi que le fait remarquer M. Loiseleur, la fameuse maxime « *is fecit cui prodest* », n'a pu trouver une meilleure application. D'Épernon, le prince de Condé, Marie de Médicis peut-être elle-même, désiraient sans doute la mort du Roi et ne s'opposèrent pas aux menées criminelles qui la provoquèrent. Mais, abstraction faite de toute considération morale, ils n'avaient pas à cette mort un intérêt assez puissant pour leur faire courir les chances d'une complicité directe; car, en cas de découverte du complot, ils risquaient de perdre leur crédit, leurs biens et peut-être la vie, comme le maréchal de Biron. Au contraire, il n'en était pas de même de l'Espagne. Directement menacée par le roi de France, qui allait entrer en campagne sur le Rhin et peut-être en Flandre, épuisée par la lutte qu'elle venait de soutenir contre les Provinces-Unies, sentant que les Pays-Bas lui échapperaient irrévocablement à la première bataille perdue, sa seule ressource était dans un évènement qui devait fatalement modifier la politique française. Depuis longtemps, elle avait des espions à la Cour, même parmi

---

(1) L'Estoile. *Journal de Henri IV.* Tome IV, p. 96.

les confidents de Henri IV, dont plusieurs recevaient des pensions et gratifications de l'ambassadeur des archiducs Albert et Isabelle à Paris. Dès 1605, on voit Philippe d'Ayala, qui remplissait alors ces hautes fonctions, percevoir de Christophe Godin, receveur-général des Pays-Bas, une somme de 574 livres qu'il distribuait « à diverses personnes pour plusieurs advis qu'elles lui avoient faictz d'aulcunz affaires secrets et entreprises sur le pays de Leurs Altèzes. » (1) En 1608, c'est une somme de 215 livres que l'ambassadeur donne « par forme d'estrennes à trois amis confidens du Roi pour les faire continuer tant mieulx au service de Leurs Altèzes. » (2). En 1609 et 1610, on rencontre encore 120 livres données pour le même objet (3). En outre, un secrétaire du ministre Villeroy avait été corrompu, déchiffrait toutes les dépêches et en envoyait copie à Madrid et à Bruxelles.

Dans la situation critique où elle se trouvait, l'Espagne n'hésita pas à employer les moyens qui lui avaient réussi déjà vis-à-vis de Guillaume d'Orange. Philippe III et l'archiduc Albert n'étaient pas hommes à mettre hardiment à prix la tête de leur ennemi comme l'avait fait Philippe II ; mais ils avaient près d'eux les Fuentès, les d'Ossuna et les Bidmar qui ne devaient pas reculer devant l'emploi du poignard pour trancher les difficultés politiques. Cependant les mœurs s'étaient déjà assez adoucies depuis une trentaine d'années, pour qu'on fût obligé d'agir secrètement et avec la plus grande dissimulation. Dans le compte de l'année 1610 du receveur général Christophe Godin, on ne trouve pas moins de 15,000 livres, somme considérable pour l'époque, payées par ordre des archiducs Albert et Isabelle à des personnes chargées de missions en France, *dont on ne veut plus ample déclaration être faite*, selon

---

(1) *Archives du Nord*. Chambre des Comptes de Lille. Registre de la Recette générale des finances de l'année 1605 B. 2812.

(2) *Idem*. Registre de 1608. B. 2831.

(3) *Idem*. Registres de 1609 et 1610. B. 2836 et 2842.

l'expression en usage dans les comptes de la recette générale des Pays-Bas. La mention de 10,000 livres délivrées en bloc à Louis Alarcon, agent des Archiducs en Espagne, « pour affaires intéressant grandement leur service, et dont ils ne désiroient plus ample déclaration être faite, mais dont ils avoient toute satisfaction et contentement (1) », mérite d'être particulièrement remarquée. Cet Alarcon ne serait-il pas, en effet, ce jésuite espagnol, oncle du duc de Lerme, ministre de Philippe III, que La Garde nous a représenté comme lui ayant proposé, à Naples, de tenter de tuer le roi de France dans une partie de chasse ? C'est ce personnage qui lui aurait présenté Ravaillac en lui disant : « voici celui qui doit tuer le Roi ». Ces 10,000 livres de fonds secrets qui lui sont fournis par les Archiducs viennent singulièrement corroborer les assertions du manifeste de la Garde. Alarcon est qualifié du titre d'agent de Leurs Altesses en Espagne dans le compte de 1610 ; mais en 1608 ou 1609, quand la Garde dit l'avoir vu à Naples, il pouvait bien s'y trouver, cherchant dans le ramassis d'aventuriers qui abondaient alors dans la Péninsule, des sicaires à diriger sur Paris. De Naples, il serait venu en Espagne, où il aurait eu peut-être l'occasion de voir Servais Oudot (2). En tous cas, ces articles des comptes de la Recette des Pays-Bas, malgré le soin qu'on a pris de dissimuler en partie l'objet de la dépense auquel ils se rapportent, ne manquent pas d'importance. Que serait-ce si les portefeuilles des Archives de l'Escurial

(1) *Archives du Nord.* B. 2842. Compte de 1610, f° 495, recto.

(2) Il est vrai qu'en 1608, dans la *Relacion de las fiestas de Valladolid*, attribuée à Cervantes, figure, parmi les *contadores majores de cuentos*, un Luis de Alarcon qui pourrait être le personnage désigné dans le compte de Christophe Godin, personnage qui, dans ce cas, n'aurait rien de commun avec le jésuite appelé Alagon par Dujardin de la Garde. Nous devons ces renseignements à M. Alfred Weil, qui nous fait remarquer que le nom de famille d'Alagon ou Alarcon ne se trouve être celui d'aucun des ascendants du duc de Lerme, qui prit de son père le nom de Gomez de Sandoval y Royas, sans y joindre celui de sa mère qui était Borja (Borgia). Il avait épousé une fille du duc de Medina-Celi. Les Medina avaient pour nom patronymique La Cerda y Aragon ; il serait donc possible que le Père Jésuite en question se fût appelé La Cerda y Aragon, par abréviation le Père Aragon, et comme les labiales r et l ont été souvent confondues, que son nom eût été transformé en Alagon.

et de Simancas n'avaient pas été, depuis longtemps sans doute, allégés par une main habile des pièces les plus compromettantes pour la politique espagnole qu'ils ont pu renfermer ?

Sully s'est étendu longuement sur les appréhensions qu'avait fait naître dans l'esprit de Henri IV, le retard apporté à son entrée en campagne par la cérémonie du sacre de la Reine à St-Denys. « Ah, mon ami, lui disait-il, que ce sacre me déplait ! Ah ! maudit sacre, tu seras cause de ma mort ! Je mourrai dans cette ville et n'en sortirai jamais ! Ils me tuent, car je vois qu'ils n'ont d'autre remède en leur danger que ma mort ! » Il était frappé de l'idée qu'il mourrait en carrosse « à la première grande magnificence » qu'il ferait. Non-seulement tout Paris partageait ses appréhensions, mais à la fin d'avril des rumeurs sinistres circulaient déjà en province, et bien avant le 14 mai, le bruit courut à Anvers, à Cologne et dans quelques autres villes des Pays-Bas et des bords du Rhin, que le Roi avait été tué. Outre les témoignages de Sully (1) et de Richelieu (2), nous avons sur ce point celui beaucoup plus important de Villers-Hotman, agent de Henri IV en Allemagne. Ce Jean de Villers-Hotman n'est pas le premier venu comme diplomate et il mérite qu'on ajoute foi à ses assertions. Fils du célèbre juriconsulte François Hotman, il fut successivement maître des requêtes de l'hôtel du roi de Navarre, puis du roi de France Henri IV, envoyé par ce dernier en Allemagne pour y négocier avec les princes protestants, mission dont il fut aussi chargé sous Louis XIII et dont il s'acquitta à la pleine satisfaction de ces deux souverains. Il ne se convertit pas au catholicisme lors de l'abjuration de Henri IV, mais tenta alors de grands efforts pour amener et consolider la réunion des catholiques et des protestants, tout au moins sur le terrain politique. On a de lui plusieurs ouvrages, entre autres, un livre intitulé : *De la Charge et Dignité de l'Ambassadeur*. Dès le mois

(1) *Économies Royales*. Tome II, p. 879-887.
(2) Richelieu. Mémoires collection Michaud 2e série, Tome VII, p. 22.

d'octobre 1609, il avait remarqué qu'il se tramait un nouveau complot contre la vie de son maître, et lui en avait donné avis. Le mémoire où il a consigné ses observations à ce sujet constitue un document rare et curieux, quoiqu'il ne soit pas complètement inédit (1). Aussi nous croyons utile de le résumer et d'en donner les principaux passages qui viennent tout à fait à l'appui de la thèse que nous soutenons sur le rôle joué par l'Espagne dans l'attentat de Ravaillac. « Au mois d'octobre 1609, dit de Villers-Hotman, je donnay avis en parlant avec le baron de Frentz, (2) lors ambassadeur des Archiducs de Brabant vers ces deux princes (l'électeur de Brandebourg et le comte de Neubourg qui s'étaient mis en possession de la succession de Clèves et de Juliers, et avaient fait alliance avec la France), touchant le bruit qui couroit dès lors que le Roy envoiroit un puissant secours auxdits Princes. Il me dit : « Le Roy pourroit bien s'en repentir. » Le même soir, un des siens dit à mon homme qui étoit Charles Wudmer du pays d'Autriche, que Madame de Bouillon m'avoit donné pour me servir en ce voyage : « on taillera tant de besogne au Roy et à la France qu'il se repentira d'avoir assisté les hérétiques. » Lorsque le comte de Tollern fut de retour de sa Légation en France, son secrétaire, originaire de Cologne, dit à quelques personnes qui lui parlaient de l'assistance promise par le Roi de France à ces princes : « il n'oseroit, car ses sujets catholiques le feroient mourir. » Ce propos est affirmé par le sieur Grante, gendre de Jean Facin, bourgeois de Cologne, qui l'a lui-même entendu de la bouche de ce secrétaire ; émanant, comme le précédent, d'un personnage touchant à la diplomatie, il présente une certaine gravité.

D'après de Villers-Hotman, huit ou dix jours avant la

---

(1) « Divers avis de la mort du roy Henri IV, particulièrement de Flandres, Brabant et Cologne, avant qu'elle fût arrivée; ces avis recueillis par le sieur Villers Hotman, lors agent pour le roy en Allemagne. » (Voir pièces justificatives, page 69).

(2) Philippe de Mérode, chevalier, gentilhomme de la Chambre de l'Archiduc, baron de Frentz, fut effectivement envoyé en 1610 en ambassade au pays de Juliers et reçut à cet effet une somme de 5,500 livres (Archives du Nord. B. 2842. Compte de la Recette générale de 1610).

mort de Henri IV, le bruit qu'il avait été tué ou le serait prochainement, courait à Cologne, à Juliers et Duren et, chose remarquable, il n'était répandu que par des personnes ou des lettres venant de Bruxelles, Anvers ou Malines. Il cite, entre autres, la lettre par laquelle Flechmann, secrétaire de l'archiduc Albert, écrivait, par ordre de son maître, à l'archiduc Léopold, dès le 17 mai, deux jours seulement après l'attentat, pour le lui annoncer, et à la fin de laquelle il glisse ces mots contre les soupçons qui pourraient s'élever : « de quoy j'ay eu commandement de donner avis à votre Altesse, parce que le fait pourra être conté diversement et qu'il en arrivera des changements et des révolutions partout. »

Le sieur de Kneppenberg, écuyer de cuisine de l'Électeur de Brandebourg, dit au maître d'hôtel du prince d'Anhalt, qu'environ douze à quinze jours avant la nouvelle de la mort du Roi, un gentilhomme du parti de l'archiduc Léopold, lui avait déclaré que sous peu de jours on apprendrait une nouvelle qui serait la perte ou le gain de la cause de leurs maîtres respectifs. Plus tard cet écuyer eût bien désiré revenir sur ses paroles ; il ne put pourtant pas les nier, mais se contenta de dire qu'elles n'avaient pas la portée qu'on voulait leur donner.

Un gentilhomme allemand, originaire de Berlin, le sieur de Vylern, qui se trouvait à Paris lors de l'assassinat du Roi, déclara avoir vu et lu entre les mains du vice-amiral de Hollande qui était avec lui, une lettre datée d'Anvers le 13 mai, portant qu'on avait reçu avis dans cette ville que Henri IV avait été tué d'un coup de couteau ; cette lettre fut montrée au jeune marquis d'Anspach, à son maître d'hôtel et à son hôte à Paris à la maison où pendait pour enseigne la ville d'Anvers, rue St-Martin. De Villers-Hotman mentionne, en outre, de nombreuses lettres datées de Bruxelles, Anvers et Malines les 12 et 13 mai, et adressées à des banquiers de Cologne les sieurs Lonnenberg, Hieronimo Carboloni et Henri Smytt, annonçant la mort du Roi et qui ont été vues par des personnes dignes de foi, par le curé de l'église St-Cunebert, entre autres. Plus tard, il est vrai, lorsqu'il voulut se procurer ces lettres, elles lui furent refusées. Les sieurs Belts, Ressteau, Farcin et autres marchands de Cologne assurent avoir vu plusieurs fois à la Bourse ou place publique de ladite ville, un jeune homme de Bois-le-Duc qui, peu de jours avant la nouvelle certaine de l'assassinat de Henri IV, disait tout haut que si le Roi n'était pas déjà tué il le serait bientôt. Les mêmes propos furent tenus par le sieur Godenan, commissaire des vivres pour l'archiduc Léopold. Le baron Batembourg, personne de qualité, beau-père de MM. de Plessen et de Kerler, habitant un château près de Maëstricht, assura à M. de Plessen, que le 15 mai (lendemain du crime), ses gens étant allés au marché de Maëstricht, entendirent répéter dans les tavernes et les boutiques que le Roi avait été tué d'un coup de couteau. Il ajouta que le même jour, des personnes venant de Bruxelles tenaient le même langage.

Un jeune soldat nommé Edouard Leake, d'origine anglaise, affirma que le 12 mai les Espagnols à Bruxelles se disaient à l'oreille en se rencontrant: « il est mort. » Le sieur Resseteau, marchand flamand demeurant à Cologne, dit que trois jours avant le 14, un mâçon travaillant chez lui annonça qu'il venait d'entendre dire au *Dom*, qui est la grande église de la ville, parmi les prêtres et les bedeaux, que le Roi avait reçu un coup de couteau à la gorge

Un écolier de Cologne qui donnait des leçons de latin à un jeune banquier nommé Thomas Genoini, lui dit que l'on tenait pour certain parmi les prêtres et les écoliers de Cologne, que le Roi était ou serait tué ou empoisonné et cela plusieurs jours avant l'attentat.

Les gazettes d'Italie, apportées par les trois courriers qui suivirent la mort du Roi, l'attribuèrent sans difficulté aux Espagnols, remarquant qu'ils en avaient fait des réjouissances extraordinaires et que la première nouvelle en était venue d'Anvers ; elles ajoutaient qu'on savait que l'assassin avait autrefois demeuré à Bruxelles et s'était trouvé à la Haye peu de temps avant le crime.

Jean Maréchal, marchand flamand, demeurant à Cologne, déclara avoir reçu des lettres de Tournai et de Lille, annonçant que le bruit général y courait que c'était les Espagnols qui avaient fait tuer Henri IV, et qu'à Bruxelles on faisait peu de temps avant cet évènement, des prières pour « un qui étoit allé faire un voyage d'importance pour le bien de la chrétienté. »

Des lettres du sieur Trumbul, agent du roi d'Angleterre à Bruxelles, datées de cette ville le 14 juin et le 12 juillet 1610, mandèrent qu'à Bruxelles la mort du Roi causa une joie extraordinaire, quoique non publique, qu'on y disait que c'était un coup du ciel qui avait dissipé un grand orage, et que d'ailleurs la nouvelle de l'attentat circulait bien avant le 14 mai ; il n'avait pu, à la vérité, découvrir si véritablement l'assassin ou sa femme avait demeuré à Bruxelles.

On écrivit à M. de Plessen, de Prague, que lorsque le courrier apportant la nouvelle de la mort du Roi y arriva, le maître général des postes Taxis témoigna, « par la carresse qu'il fit audit courrier et par d'autres signes, qu'il l'attendoit, et fit festin avec ses amis ; » ce qui est confirmé par d'autres lettres adressées au prince d'Anhalt, ainsi que ledit prince l'a affirmé plusieurs fois au sieur Villers-Hotman.

Quelques semaines après l'attentat, un jacobin prêchant dans l'église Sainte-Marie-du-Mont à Cologne, ne se gêna pas pour dire que l'assassin qui venait d'être supplicié était allé tout droit en Paradis. Il fut interrompu par un jeune homme de Lubeck qui faillit être écharpé par les fidèles, dans l'église même. Ce jeune homme déclara qu'il avait entendu, dans les premiers jours du mois de mai, deux prêtres faire la gageure entre eux que Henri IV était ou serait tué.

Des lettres datées de la Haye le 28 juin 1610, adressées

au sieur de Bilderberk, renfermaient ces mots : « l'exemple de France convie le roy d'Angleterre à se tenir sur ses gardes, car on tient pour certain que le massacre de ce grand Roy a été pratiqué à Bruxelles par l'entremise de ces diaboliques meurtriers. »

M. de Châtillon arrivant d'Allemagne à Bruxelles le dimanche 16 mai, quarante-huit heures après l'attentat, y apprit de la bouche du marquis Spinola la nouvelle de la mort de son maître; le marquis était très étonné qu'il ne la connût pas encore.

Plusieurs bourgeois de Cologne assurèrent que les deux ou trois premiers jours qui suivirent celui où la nouvelle arriva dans la ville, « ceux du magistrat firent festins et réjouissances domestiques, ainsi que ceux du magistrat d'Aix-la-Chapelle, disant : Courage, le Dieu des Gueux est mort. » Les magistrats de ces deux villes avaient, d'ailleurs, toujours favorisé et assisté le parti de Léopold contre les princes protestants. Ils recevaient et reçurent encore pendant de longues années des subsides des mains du receveur général des Pays-Bas, sur les ordres des Archiducs.

Un capitaine italien dit en pleine table à Maëstricht, en présence de deux ou trois bourgeois d'Aix-la-Chapelle, sept ou huit jours avant la mort du Roi : « S'il n'est mort déjà, bientôt il mourra comme un chien. »

Enfin quelques jours après l'attentat, il tomba entre les mains du prince d'Anhalt, une lettre de la ville d'Aix-la-Chapelle contenant ces mots : « L'Eglise a sujet de se réjouir, puisque le grand fauteur des hérétiques a été tué comme on nous l'assure de toutes parts. »

Il est certain que parmi les faits rapportés par le sieur de Villers-Hotman dans son rapport diplomatique, beaucoup ne sont, comme on dirait de nos jours, que des *racontars* sans grande valeur. Quelques-uns pourtant ne manquent pas d'importance et peuvent être retenus par l'histoire ; les propos et les affirmations du baron de Frentz, du prince d'Anhalt et de Châtillon, par exemple. Ils prouvent, d'une manière évidente, que dans les Pays-Bas et les provinces du Rhin, on s'attendait à voir la situation si tendue alors entre la France et l'Espagne, se dénouer par la mort violente de Henri IV.

Dans les papiers légués à la ville de Lille par le marquis de Godefroy-Menilglaise, se trouve aussi une curieuse lettre inédite qui peut être rapprochée des documents que nous avons analysés. C'est celle du jésuite Antoine Grenu, originaire de Flandre qui, sous la date du 22 mai 1610, écrivit de Paris, où il habitait, à sa sœur mademoiselle Jeanne Grenu, à Armentières, pour lui donner des détails sur la mort du Roi et lui faire part des impressions qu'il en avait éprouvées. Malgré les précautions et les habiletés de langage dont il s'entoure, il laisse facilement deviner que cet évènement sera considéré par les uns comme un grand bien, à cause des malheurs qui allaient fondre sur les Pays-Bas et toute la chrétienté. Enfin il prévoit que cet assassinat sera le point de départ de nombreuses calomnies contre sa compagnie et contre ceux qui avaient intérêt à le voir réaliser, et il est clair qu'il entend ainsi désigner l'Espagne.

Voici, d'ailleurs, les principaux passages de cette lettre :

« Je vous envoye, suivant ma promesse, votre reliquaire raccommodé avec un petit cercle d'airain, priant d'être fait participant des mérites et faveurs célestes que j'espère qu'obtiendrez par le moyen d'icelui.

Icy n'y a rien de quoy vous faire part : car de la mort du roy de France, lequel a été misérablement percé de part en part le 14 de ce mois par un gros puissant rustaut du pays d'Angoulesme, poussé à ce qu'il dit par certaines révélations divines, comme escript Monsieur Peckius, agent de Leurs Altèzes en Paris, ne doubte qu'en avez à présent assurance. A la vérité c'est une mort bien tragique et qui montre bien qu'il nous faut guère fier es prospéritez et grandeurs de ce monde, voiant celuy qui, après beaucoup de traverses, avoit été peu à peu élevé aux plus grands heurs et grandeurs de ce siècle, estre tout à coup précipité aux abismes des plus grands malheurs d'iceluy, sans avoir moyen de dire une fois *peccavi*. Car à ce qu'a dit le comte Bonnœil au sieur Peckius de la part de la Reyne déclarée à présent régente du royaume, il est mort dans son carrosse; et selon ce que dit un cambrésien qui étoit près de là et a parlé à aucuns familier du Roy, n'a dit autres choses ayant reçu le coup sinon qu'on ne tuât sur le champ celui qui l'avoit blessé, qu'il recommandoit le Dauphin et qu'il étoit homme mort; plaise à Notre-Seigneur nous donner une plus heureuse fin qu'à ce grand Roy qu'ilz appelloient le Roy des Merveilles, merveilleux à la vérité en sa vie, à mon jugement beaucoup plus en sa mort; il servira de sujet aux discours des humains et excitera diverses affections, les uns remarquant des traicts de la justice et providence divine et s'esjouissans d'être délivréz des périls qu'ils craindoient devoir avenir aux Pays-Bas et à toutte la chrestienté; les autres interprétans les desseins du Roy défunt en meilleure part et s'attristans des malheurs esquelz il est à craindre que ne se plonge ce royaume jadis tant florissant et favorisé du ciel. Quoi qu'il en soit, il n'est celuy qui, par une affection chrétienne, ne se doibve ressentir de la façon d'une telle mort et prier pour l'union et repos dudit royaume et pour la bonne instruction du jeune prince déclaré héritier de la couronne. Jaçois qu'il n'ait eu faulte de bons documents des Pères Gonthier et Coton, néantmoins a eu du vivant du Roy son père, un pédagogue duquel on ne connaît la religion. J'espère toutefois qu'il sera bon Roy et favorisera nostre compagnie, laquelle comme elle a toujours eu part à cette bénédiction et faveur évangélique donnée aux Apostres par Nostre-Seigneur, c'est à sçavoir d'être haye et calomniée des mondains, aussy n'a-t-on laissé en telle occurrence de la charger et l'accabler, s'il eust esté possible, de faulces accusations et calomnies, nonobstant la bienveillance que lui a monstrée le Roy défunt, et les devoirs réciproques de fidélité et obéissance qu'elle a prestés à iceluy depuis sa réconciliation à l'Eglise ; mais j'espère que le temps et notre innocence nous purgeront de ce crime et feront paraître à la Reyne l'affection et respect que porte toute notre compagnie aux Pays et Princes avoués par le Saint-Siège apostolique, jaçois qu'ils s'oublient quelquefois de leurs devoirs, et pense qu'icelle et ses adhérents en ont jà receu pleine satisfaction ; considérés les bons debvoirs passés et que le prisonnier ne veult confesser aulcuns complices, disant toujours qu'il a tenté telle chose par l'inspiration céleste et qu'il dira le reste à son confesseur, etc. »

Comme le P. Grenu, nous pensons que les Jésuites, en tant que compagnie, n'avaient pas assez à se plaindre de la politique et de l'attitude de Henri IV à leur égard, pour faire attenter à sa vie.

Le P. Cotton, dont il vient d'être parlé, avait tout crédit sur l'esprit du Roi qui, pour témoigner de l'estime et de l'affection particulières qu'il éprouvait pour lui et pour son ordre, avait, par une disposition expresse de son testament, légué son cœur au collège de La Flèche. D'ailleurs, selon la juste observation de M. Loiseleur, « Henri IV, afin de désarmer les passions religieuses et d'ôter à l'Espagne son principal appui en France, s'était appliqué non-seulement à gagner les Jésuites, mais à les faire entrer dans son jeu, à les intéresser à ses succès et à sa conservation ; il leur prodigua les témoignages d'affection. Dans sa correspondance de l'année 1608, on le voit multipliant les collèges des jésuites, les recommandant aux villes, aux évêques, étendant leurs privilèges, encourageant les cessions qui leur sont faites. Tout cela rend bien invraisemblable l'immixtion de cet ordre célèbre, soit dans l'attentat de Ravaillac, soit dans la conspiration espagnole de d'Épernon. Les Jésuites étaient trop bien renseignés pour ignorer les traités conclus par Henri IV avec les puissances entrées dans sa confédération et savoir que le Pape non-seulement s'associait aux vues du roi France, mais qu'il recevait pour prix de sa coopération le royaume de Naples, depuis si longtemps convoité par la cour de Rome (1). » Cependant on ne saurait affirmer qu'il n'y eût pas parmi les réfugiés français à Bruxelles des jésuites qui, avec les moines et prêtres fanatiques tels que les Jean Boucher (2), les Montgaillard (3), les de la Croix (4) et autres pensionnés des Archiducs, joignirent leurs efforts à ceux du jésuite Alarcon ou Alagon pour susciter le bras vengeur devant les délivrer d'un prince, toujours pour eux usurpateur et hérétique. Mais, s'il en est ainsi, ils ont agi de leur propre mouvement, sans mandat de leur compagnie, et selon toute probabilité, à l'instigation de l'Espagne.

Un point digne aussi d'être remarqué dans l'interrogatoire de Servais Oudot, c'est l'insistance avec laquelle on le presse de questions sur ses relations avec le prince de Condé dans le but de lui faire avouer que c'était ce prince qui lui avait inspiré ce criminel dessein. On sait

---

(1) Loiseleur. Ouvrage cité, p. 97.

(2) *Archives du Nord*. B. 2806. Compte de la Recette générale des Finances de l'année 1602 (f° 514, verso) : « 175 livres à sire Jean Boucher, docteur en droit et en la sainte théologie de la Sorbonne de Paris et chanoine de l'église Notre-Dame de Tournai, pour avoir presché et annoncé la parolle de Dieu durant le quaresme de l'an 1602 en la chapelle de la Cour, audit Bruxelles et en l'église Couvenberghe illecq. » Ce Jean Boucher était l'ancien recteur de l'Université de Paris, fameux ligueur, auteur de libelles contre Henri III et ses mignons, qui s'exila dans les Pays-Bas après l'entrée de Henri IV à Paris. Il osa publier en 1595 « l'Apologie pour Jehan Chastel, parisien, exécuté à mort et pour les Pères et écoliers de la Société de Jésus », ouvrage réimprimé en 1610 et traduit en latin sous ce titre : « *Jesuita sicarius*. »

(3) *Archives du Nord*. B. 2740. Compte de la Recette générale des finances de l'année 1593 (f° 357, verso) : « 300 livres à Frère Bernard de Montgaillard, de l'ordre de Citeaux, pour avoir, passez quelques jours, faict ses prédications en langue franchoise, en l'église St. Jacques dict Couwenberg, en ladite ville de Bruxelles, et pour subvenir à sa despence et nourriture, mesmes pour luy donner moyen d'y continuer encore à l'instruction de l'auditoire chrestien. » Bernard de Percin de Montgaillard, plus connu sous le nom de Petit-Feuillant, fut aussi un des plus fougueux ligueurs ; ses sermons rivalisèrent avec ceux de Jean Boucher et de Lincester. Accusé d'avoir trempé dans un attentat contre la vie de Henri IV, il dut quitter la France, alla à Rome où le pape Clément VIII lui fit le plus honorable accueil, puis se retira dans les Pays-Bas, où il devint le prédicateur ordinaire des archiducs Albert et Isabelle. Il fut gratifié par eux des abbayes de Nivelle et d'Orval.

(4) *Archives du Nord*, B. 2764. Compte de l'année 1597 (f° 551, verso) : « 200 livres à sire Jean Crucius, prêtre docteur en la sainte théologie de la Sorbonne, à Paris, prêchant continuellement à la chapelle Sainte-Madeleine en la ville de Bruxelles. » Voir aussi B. 2758.

que le prince de Condé, rendu subitement jaloux par l'amour que le Roi affichait pour sa femme, la belle Charlotte de Montmorency, s'était enfui en enlevant, pour ainsi dire, cette dernière, et s'était réfugié avec elle à Bruxelles à la fin de l'année 1609. Bravant les menaces du Roi, il refusa de rentrer en France, et, laissant sa femme à Bruxelles, il passa en Italie d'où il lança un manifeste extravagant dans lequel il contestait la légitimité du Dauphin et se posait en véritable héritier du trône. Il allait gagner l'Espagne et s'entendre avec le roi Philippe II quand Henri IV fut assassiné. Il revint en France se mettre à la tête des nobles que la régence de Marie de Médicis avait mécontentés. Nous n'avons pas à nous occuper des prises d'armes et des négociations diverses qui signalèrent cette opposition. Disons seulement que le 1er septembre 1616, elle se termina par l'arrestation de Condé en plein Louvre et son incarcération à Vincennes.

Ainsi, lorsqu'on interrogeait Servais Oudot, Condé était prisonnier d'État, et l'un de ses principaux griefs contre la régente avait été l'alliance avec l'Espagne, cimentée par le double mariage du jeune roi et de sa sœur. On comprend donc facilement la satisfaction avec laquelle le Conseil privé des Archiducs eût accueilli une déposition déchargeant d'un côté l'Espagne des soupçons qui planaient sur elle, et de l'autre accablant un prince français opposé à sa politique et qu'une semblable accusation pouvait perdre sans retour.

On demanda en conséquence à Oudot « s'il avait oncques parlé au prince de Condé. » Il répondit que cinq ou six mois avant la mort du roi de France, il se trouvait dans la cour du Louvre, lorsque le Roi y entra en carosse avec le prince de Condé et d'autres seigneurs. Quand le carosse fut arrêté, le prince de Condé interpella Oudot, lui demandant qui l'avait envoyé là. Il répondit : personne. Alors le prince lui fit entendre par un geste dans la direction des Pays-Bas, qu'il devait être venu là par ordre soit du roi d'Espagne, soit de l'Archiduc; puis, après avoir lancé quelques propos contre ces deux princes, il lui dit de s'en aller travailler ailleurs, ce qu'il fit, du reste, s'étant rendu à Sully, où il travailla aux bâtiments que le duc y faisait construire.

Cette réponse ne paraissant pas assez catégorique aux deux magistrats instructeurs, on demanda sans ambages à Servais Oudot : « s'il avoit fait ce que dessus par charge dudit prince de Condé. » Il répondit sans hésiter : « qu'il ne luy en a jamais parlé et que ce qu'il en a fait a esté pour le service du roy d'Espagne et de Son Altèze Sénénissime. » Ainsi fut déçu l'espoir conçu par les Archiducs de rejeter sur un prince français les soupçons d'avoir été les instigateurs du crime de Ravaillac, qui, dès la première heure, avaient plané sur eux. La réponse de Servais Oudot paraît, du reste, naturelle et empreinte d'une parfaite bonne foi. Il aurait pu se prêter à une machination qui eût dégagé l'Espagne des accusations portées contre elle ; il en eût été récompensé sans doute. Il ne le fit pas et déclara qu'en projetant d'assassiner Henri IV, il n'avait eu en vue que le service du roi d'Espagne, de Son Altesse Sérénissime et l'intérêt de son pays. C'est un témoignage de plus en faveur de la véracité de sa déposition.

Nous ne prétendons certes pas que les déclarations d'un obscur franc-comtois, dont l'état mental même semble avoir été assez altéré, doivent donner la solution d'un problème historique qui se posera encore longtemps devant la postérité, et dont elle n'aura probablement jamais le dernier mot, car les documents qui auraient pu l'éclairer ont sans doute été détruits. Le précepteur de Louis XIV, le savant évêque de Rodez, Péréfixe, s'exprime ainsi au sujet de cet évènement dans son Histoire de Henri-le-Grand : « Que si on demandoit qui avoit inspiré cette damnable pensée à ce monstre infernal, l'Histoire répond qu'elle n'en sçait rien, et qu'en une chose si importante, il n'est pas permis de faire passer des soupçons et même des conjectures pour des vérités assurées ; que les juges mêmes qui l'interrogèrent (Ravaillac) n'en osèrent ouvrir la bouche : ils n'en parlèrent que des épaules. » Depuis le XVIIᵉ siècle cependant, si les soupçons et les conjectures ne sont pas devenus des vérités complètement démontrées, ils se sont considérablement fortifiés. Cette damnable pensée, dont parle Péréfixe, l'histoire peut dire que non-seulement Ravaillac, mais beaucoup de criminels de son genre, la respirèrent dans l'atmosphère saturée de haine et de soif de vengeance, où vivaient tous les ennemis de Henri IV et de sa politique de tolérance et de progrès, les vieux ligueurs, les moines et prêtres fanatiques, les traîtres et les espions espagnols. Cette damnable pensée, Servais Oudot ne se fait-il pas gloire de l'avoir conçue dans l'intérêt de son Roi, tant il lui paraissait naturel qu'un sujet fidèle devait, en 1610, quand la France s'apprêtait à envahir la Franche-Comté et les Pays-Bas, chercher par tous les moyens à en finir avec l'ennemi de son souverain et de son pays.

Son interrogatoire révèle des faits qui, jusqu'à un certain point, confirment les assertions de l'Estoile. Sully, Mézeray et les factums de Dujardin de la Garde et de la d'Escoman. On peut y puiser un argument de plus en faveur de la thèse soutenue par M. Loiseleur qui, s'appuyant sur les circonstances et les incidents de l'attentat, démontre qu'à côté de Ravaillac, fanatique isolé, cependant peut-être indirectement poussé au crime, il y avait des assassins aux ordres et aux gages de d'Épernon, de la marquise de Verneuil et de l'Espagne, unis dans la même conspiration. Il nous a paru, pour ce motif, constituer un document intéressant et digne d'être extrait des cartons des Archives du Nord pour être publié.

PIÈCES JUSTIFICATIVES.

ARCHIVES DU NORD. — CHAMBRE DES COMPTES DE LILLE. B. 2887.

En suite de l'ordre et commandement de Son Altesse Sérénissime, Nous Guillaume de Steenhuys, conseiller et maître ordinaire aux requêtes du Conseil Privé et le secrétaire François de Groote adjoinct, Nous sommes transportés en la prison de la Steenpoorte de ceste ville (1) pour y oyr et examiner la personne de Servais Oudot, bourguignon, prisonnier, comme avons faict en la manière suyvante :

Du 15 de Novembre 1616.

Touchant Servais Oudot, bourguignon, dont le subject est tenu secret, et pour ce sera ceste minute cachetée.

ARCHIVES DU NORD. — CHAMBRE DES COMPTES DE LILLE. B. 2887.

Remonstre en toute humilité Bertrand Delestre et Estienne Louys, du quartier de Bourgongne, que ils se seroient informé de Servayz Oudot de Lavergenne (2) au quartier de Bourgongne nous a dict et aseuré que estoit

(1) Les mots pour *y oïr, examiner Servais Oudot, Bourguignon, prisonnier, comme avons faict*, ont été barrés et remplacés au-dessus par *avons oy et examiné les personnes*.

(2) La Vergenne, canton de Villersexel, arrondissement de Lure, département de la Haute-Saône.

venuz en ce lieu exprés pour advertir S. A. S. que dez cinq semènes en ça Thiébaud Bailly et Nicoullas Chardin aussy de Lavergenne l'ont solisité par trois diverses fois d'antreprandre de tuer ou S. M. d'Espagne ou S. A. S., et comme lesdits remonstrant ont antanduz tel cas pour le devoir qu'il doivent à voz S. A., il set vitement encheminez et a amené ledit Servay Oudot à icelle fin de tirer de luy, le tout comme sensuy.

ARCHIVES DU NORD. — CHAMBRE DES COMPTES DE LILLE. — B. 2887.

Du 15 de Novembre 1616.

Étienne Loys, natif de Chastillon-sur-Seine, au duché de Bourgongne, soldat de la compagnie du Prévôt général, eagé d'environ 40 ans, dit sur ce interrogé et après serment par luy presté, que, passé quelque temps, il a prins cognoissonce à Bertran de Lettre qui sollicite quelque affaire en ceste Cour pour son particulier et qu'icelluy ahunt rencontré ce déposant estant de garde, luy dit qu'il avoit descouvert une chose estrange et de grande conséquence, ce qui rendit ce déposant curieux d'en sçavoir la vérité, et à cest effect mena ledit de Lettre tant ledit jour que le lendemain pour boire avec luy en quelque taverne, et par ce moyen a apprins de luy qu'en ceste Cour estoit arrivé un bourguignon du lieu de la Vergenne qui avoit déclairé à luy Bertran de Lettre que deux hommes qu'il nomma (sans que néantmoins ce déposant ayt retenu leurs noms), l'avoient sollicité de tuer ou le Roy d'Espaigne ou son Altesse Sérénissime; ce qu'entendant le déposant requist ledit de Lettre de luy monstrer ledit Bourguignon, et l'aians par ensemble esté trouver chez les Pères Deschaussés où il travaillait comme manouvrier, le déposant fit tant qu'il le mena à la taverne et promit de paier la journée, et l'aïant par là attiré à boire et le mit en discours, il tira enfin de luy sa déclaration qui portoit (selon que cy dessus est dit) que deux hommes de la Vergenne l'avoient sollicité, passé plus de deux mois, d'entreprendre de tuer ou le Roy d'Espaigne ou son Altesse Sérénissime, luy voulans à cest effect délivrer un cousteau qu'il disoit estre de la longueur d'environ un pied, mais que ledit Bourguignon respondit ausdits deux hommes qu'il le feroit bien mourir sans cousteau, ce que entendu par ledit déposant il trouva bon que S. A. en fut advertie et à cest effect se trouva un jour ou deux après avec ledit Bourguignon et ledit Bertran de Lettre vers La Veure, où ils parlèrent l'un devant, l'autre après, à Monsieur le Marquis de Marnay, lequel les renvoia le lendemain avec une sienne lettre à Monsieur le Président du Conseil privé lequel, après les avoir oÿ verbalement, do' la charge que ledit Bourguignon fut serré en la prison de la Steenpoorte où il est encore présentement.

D'advantaige ledit Bourguignon déclaira audit déposant que lesdits deux hommes de la Vergenne estoient suspectz d'estre sourciers, et que leur père avoit esté bruslé comme tel passé dix et sept ans, et que le seigneur dudit villaige les soutenoit en leur meschanceté et qu'il correspondoit avec eux.

De plus ledit Bourguignon luy dit que comme il s'estoit encheminé vers Espaigne pour y trouver un sien maistre qu'il avoit servy, lesdits deux hommes de La Vergenne aïans crainte qu'il les descouvreroit, le suyvirent avec intention de le tuer, et qu' ayans rencontré un archer du Roy qui ' ressembloit, le tuèrent et rapportèrent sa casaque que ledit Bourguignon a encoires depuis veu audit villaige de Vergenne.

Si luy a encores ledit Bourguignon déclairé qu'estant un jour en certain lieu luy apparut un homme accoustré et parlant comme espaignol, lequel luy fit signe à la bouche qu'il se gardast de rien dire, et aussi tost disparut ne sçachant non plus où il alla que d'où il estoit venu ; adjoustant que quand il seroit pardevant quelque seigneur il diroit encore d'advantaige ; et est ce qu'il sçait et, après lecture, a persisté et signé.

Marque d'Étienne Louys.

Bertran de Lettre, natif de Salins, eagé de 43 ans, après avoir fait serment de dire vérité a déclairé (sur ce interrogé) qu'il est logé en ceste ville chez Claude Rovyr à la rue de Haux, et qu'en la mesme maison estoit ja logé un bourguignon nommé Servais Oudot qui, par avis familier, a déclairé à ce déposant qu'il estoit sorti de sa maison quelques cincq sepmaines auparavant et que deux hommes de La Vergenne, aïans à sa souvenance nom Nicolas Chardin et Thibault Bailly, estoient venus vers luy par trois fois luy présentans un cousteau et disans : « Voilà, Philippe, il fault que tu tue le Roy d'Espaigne où son A. S. de Brabant » ; sur quoy ledit Bourguignon leur dit : donnez-moy de l'argent, et iceux luy replirent : tu sçais bien où il y en a, et sur ce ledit Bourguignon leur dit : bien je le feray et trouveray meilleure occasion que le cousteau et au mesme instant partit desdits deux hommes ; lesquelz propos néanmoins il a dit au déposant avoir lors tenu non en intention de les effectuer, mais seulement pour s'eschapper de leurs mains et afin de pouvoir venir révéler leur mauvais desseing.

De plus ledit Servais a dit audit déposant qu'il tenoit lesdits Chardin et Thibault pour sourciers et que le père de l'un d'eux avoit esté bruslé par justice comme tel, passé environ quinze ans, et que le seigneur du lieu ou du chasteau de Gouhenans les assistoit en tout et par tout. D'advantaige le mesme Servais a déclairé au déposant que comme il estoit parti desdits deux hommes, s'apparut à luy pour la compaignie un homme accoustré en Espaignol, lequel mettant la main à la bouche, luy fit signe qu'il n'eut à rien dire, et qu'il avoit opinion que cest homme là estoit l'un de ceux qui luy avoient parlé, estant lors transformé en autre forme.

Ledit Servais a encore dit audit déposant d'avoir ci-devant servy en Espagne, et que passés environ sept ans, lesdits Bailly et Chardin se seroient transportés vers Madrid, à intention d'y tuer ledit Servais (sans qu'il ayt néantmoins déclaré à ce déposant quelle occasion ils en avoient) et qu'aians prins pour luy un archer du Roy nommé Jehan Louys, ils l'avoient tué et apporté sa casaque et manteau que ledit Servais dit avoir vus, sçavoir au village de La Vergenne la casacque et audit Chasteau de Gouhenans le manteau.

D'advantaige ledit Servais a déclaré que, passés quelques années, lesdits Bailly et Chardin se trouvèrent à Fontainebleau en France où se trouvoit aussi ledit Servais, et qu'iceulx luy présentèrent lors un cousteau pour tuer le Roy de France qui n'estoit guerre loing de là, mais ne le voulut entreprendre.

Si luy a encore ledit Servais déclaré qu'il estoit marié et avoit sa femme vivante en un villaige à 22 lieues de Paris dont ce déposant n'a retenu le nom, et qu'au mesme villaige l'on avoit prins quelque information à sa charge, et que lesdits Bailly et Chardin s'y estoient transportés en forme de figures, et avoient comploté avec sa femme de le tuer au mois d'aoust dernier, et que pour éviter cest inconvénient, il s'estoit retiré de là et venu par deça pour informer S. Al. Sér. de ce que dessus, tous lesquels propos ledit déposant a tirés dudit Servais petit à petit durant le temps de sept ou huit jours, aiant iceluy Servais adjousté que quand il seroit interrogé il en diroit bien d'advantaige. Qui est tout ce qu'il sçait et, après lecture, a persisté et signé.

B. DE LESTRE.

ARCHIVES DU NORD. — CHAMBRE DES COMPTES DE LILLE. B. 2887.

Du 16 Novembre 1616.

En la prison de la Steenpoorte.

Servais Oudot, natif de la Vergenne, seigneurie de Gouhenans, Bailliage de Vesoul au conté de Bourgogne, eagé d'environ 45 ans, examiné par Nous sur le serment par luy presté entre noz mains, ledit surtout enquis qu'il a son domicille audit lieu de La Vergenne et y aïant sa femme, en estant sorti passé cincq sepmaines, pour venir déclarer les desseings de deux laboureurs dudit lieu, l'un nommé Nicolas Chardin et l'autre Thiébault Bailly, nous disant que lesdits deux personnaiges l'ont trois fois requis de vouloir tuer ou le Roy d'Espaigne ou l'Archiduc de Brabant, et que la première fois que luy en parlèrent, fut à Strasbourg en Allemaigne, luy présentans lors un cousteau à cest effect, à quoy le déposant ne voulut entendre, ains respondit que s'il avoit leur cœur il y mangeroit ; la deuxiesme fois advient quelques mois après en Espaigne où il s'estoit transporté avec de la marchandise à vendre, et, estant en la ville de Madrid, lesdits deux personnaiges s'adressèrent de rechef à luy déposant et luy monstrant un cousteau luy dirent : tuez le Roy ; mais le respondant ne le leur voulut accorder ni prendre leur cousteau ; et la troisiesme fois a esté passez trois mois en sa maison audit lieu de La Vergenne où lesdits deux personnaiges luy présentèrent autres fois un cousteau, luy disant : tenez, faites ce que Nous avons envie de faire, et sur ce que leur respondit qu'il ne sçavoit ce qu'ilz vouloient faire, ilz répliquèrent : c'est de tuer le Roy ou le duc de Brabant.

Enquis s'il leur a demandé pour ce de l'argent ; dit qu'oy, mais que lesdits deux personnaiges luy dirent : tu sçais bien ou il y en a, prens en et sur ce, ledit déposant leur promit qu'il le feroit, combien que son intention n'estoit point telle, mais ce que en disoit estoit pour se deffaire d'eux, et ne voulut accepter ledit cousteau.

Interrogé si le déposant ne leur a dit qu'il n'avoit que faire du cousteau et qu'il feroit bien ce coup sans ce cousteau là ; dit que non.

Enquis si lors que lesdits personnaiges luy ont tenu lesdits propos, il n'y avoit personne de présent ; dit que non, mais que peu auparavant le fils dudit Thiébault Bailly, jà tout homme, luy tenoit le mesme propos.

Examiné s'il ne sçait point à quelle occasion lesdits personnaiges désirent la mort desdits Princes; dit que non, bien nous a-t-il déclaré que le père dudit Thiébault a esté exécuté par le feu à Dole passés dix-huict ans pour crime de sorcelerie et que ledit Thiébault, son fils en est aussi suspecté, et pareillement le fils d'iceluy Thiébault, ne sçachant si Nicolas Chardin (qui est maïeur de La Vergenne) est entaché du mesme mal, bien qu'une sienne seur en est fort suspectée.

Enquis pourquoy lesdits personnaiges se sont plus tost adressés à luy qu'à un autre ; dit ne le savoir sinon peult estre pour avoir voiagé en Espaigne, France, Allemaigne et en ces Pays-Bas.

D'avantaige ledit déposant nous a dit qu'au mesme temps que lesdits deux personnaiges et luy déposant se trouvèrent à Madrid, ils tuèrent un archer du Roy, lorrain de nation, nommé Jehan Louys et estiment qu'ils le preindrent pour luy déposant que resembloit audit archer, et qu'ilz pensèrent l'avoir entre leurs mains ; Nous déclairans sur ce enquis avoir entendu du curé de Mouffans (qui est la paroisse dudit lieu de la Vergenne) qu'ilz avoient tué ledit archer en la maison où il logeoit et avoient desrobbé au maistre de la mesme maison un bahut où il y avoit plusieurs commodités, et avoient rapporté le manteau et casacque dudit archer de la livrée du Roy, estant la casacque de velour orange avec du passement blanc et rouge et le manteau à l'advenant, laquelle casacque le déposant a veu porter ledit Chardin, et le manteau par l'un des seigneurs de Gohenans qu'il a fort bien recogneu estre ladite livrée du Roy, adjoustant qu'une fois il reprocha audit Chardin que ladite casaque n'avoit pas esté faicte pour luy, à quoy iceluy Chardin respondit qu'il ne le craignoit point et fit semblant de le vouloir tirer de son arquebuse, de quoy ..dit déposant ne fit point d'estat, disant qu'il ne vouloit estre crainct. Et après lecture a persisté, ne sçachant escrire.

Du 17 de Novembre 1616.

Continuant l'examen dudit Servais prisonnier, l'avons interrogé en quel temps il est venu en ceste ville ; dict passés environ trois sepmaines.

Enquis à qui il s'est adressé le premier pour faire entendre à S. A. l'occasion de sa venue pardeça ; dit qu'il estoit intentionné d'en parler au confesseur de S. A., mais comme il estoit parti vers Espaigne, s'est depuis adressé à Bertran de Lettre et Jehan Louys avec lesquelz il est allé à la Veure où ils ont parlé au marquis de Marnay.

Interrogé s'il a pensé à ce que hier nous luy dismes de nous déclarer ce dont il se souviendroit d'advantaige ; a respondu s'estre souvenu que le fils dudit Thiébault Bailly luy a dit que ledit Thiébault, son père, avec ledit Nicolas Chardin retournant ensemble de la Cour d'Espagne par Bourgos, s'estoient adressés à un homme d'église y aïant charge de l'hospital et parlant toutes langues, et l'avoient tué ne sçachant à quelle occasion, y adjoustant que ledit homme d'église avoit un sien frère qui fut archer du Roy.

Interrogé si lesdits Thiébault et Nicolas ne se sont adressés à luy à Fontainebleau en France et ce qu'ilz lui ont ors dit ; respond que passé six ou sept ans, ainsi qu'estoit audit Fontainebleau, ledit Thiébault se vint adresser à luy et luy présentant un cousteau le voulut induyre à tuer le Roy de France qu'estoit bien proche d'eux.

Enquis ce qu'il faisoit à Fontainebleau : dit qu'il y passoit aïant porté en France quelque petite marchandise, adjoustant sur ce enquis qu'il ne voulut faire ledit coup.

Examiné s'il n'a demeuré à 22 lieues de Paris ; dit avoir demeuré à Verneuil au Perce (1) par l'espace d'environ un an et qu'il en est sorti passé environ six mois estant depuis allé par le païs pour gaigner sa vie à faire des cueillieres et autres menaiges d'estein, et que, passés environ six sepmaines, il estoit à la Vergenne où lesdits Thiébault et Chardin parlèrent à luy.

Examiné où il s'est marié : dit qu'au dit Verneuil au Perce.

Interrogé pourquoy il s'est party de sa demeure audit Verneuil ; dit que pour ce que lesdits deux personnaiges le tourmentoient tousjours à exécuter leur mauvais desseing, l'estant venu trouver à cest effet au villaige de Normandel au Perce (2).

Interrogé pourquoy il ne vient de là droit en ce lieu pour advertir S. A. du desseing desdits deux hommes ; dit que luy sembloit qu'estoit comme charmé et qu'il ne pouvoit sortir, bien que par après il vint à ladite Vergenne.

Enquis si lesdits Thiébault et Nicolas n'ont eu quelque complot avec sa femme pour le tuer ; a dit ne le sçavoir.

Examiné s'il n'a pas faict audit Verneuil ou Normandel quelque chose pour laquelle l'on avoit prins quelque information contre luy ; dit que non, du moins qu'il sçache.

Interrrogé si lors qu'il demeuroit à la Vergenne lesdits Thiébault et Nicolas ne luy ont fait aucun tort ; dit que non, sinon qu'ils l'ont tousjours recerché à faire cest acte malheureux, et croit que s'ilz l'eussent trouvé, ilz n'eussent faulte de le tuer s'ilz eussent peu.

Depuis ledit déposant nous a dit qu'il ne sçait point si lesdits Thiébault et Nicolas l'estoient allé cercher audit Normandel ; bien dit que comme il travailloit de son mestier à Pleuvier en Gâtınois (3), il les vit passer deux ou trois fois pardevant le lieu où il estoit sans qu'ils luy aient lors tenu aucun propos sinon entre les dents , Nous déclarant que depuis il n'a parlé à eux.

Sur quoy lui estant représenté qu'il a tantost dit qu'il avoit parlé à eux à la Vergenne passés six sepmaines, et que hier il a déposé que pour la troisiesme fois il leur avoit parlé passés trois mois ; a dit qu'il ne sçavoit que dire sinon que la dernière fois qu'il a parlé à eux, ça esté audit Pleuvier en Gâtınois et que s'il ne se fust arresté en ladite ville qu'il croit fer-

(1) Probablement Verneuil, chef-lieu de canton de l'arrondissement d'Evreux (Eure).
(2) Normandel, canton de Tourouvre, arrondissement de Mortagne (Orne).
(3) Ancien nom de Pithiviers (Loiret).

mement qu'ilz l'eussent tué ; depuis nous a dit que le dit Nicolas Chardin et le fils dudit Thiébault vindrent une fois audit Normandel avec une compaignie de soldats et que lors ledit Thiébault avoit vestu la casaque de l'archer du Roy d'Espaigne dont il a ci devant parlé, et que ce fut lors qu'il luy dit que ceste casacque n'estoit faicte pour luy.

Dadvantaige ledit déposant nous a dit que le curé de Mauffans en Bourgogne sçait bien à parler des actions desdits Thiébault et Nicolas, mesmes des meurdres tant dudit archer que de l'homme d'église de Bourgos ; qui est tout ce qu'il sçait et après lecture a persisté.

Ainsi que nous relisions ceste responce à ce prisonnier, il a montré quelque mescontentement que nous sçavions à parler qu'il avoit demeuré à 22 lieues de Paris, disant que Bertrand le nous debvoit avoir rapporté. Et après ladite lecture achevée, nous a demandé quand il pourroit sortir de ceste prison.

Du 19 de Novembre.

Sur ce que ledit Servais Oudot Nous avoit faict dire par la cepière de la prison qu'il avoit oublié quelque chose qu'il désiroit de nous déclairer, Nous y sommes retournés et après avoir oï ledit Servais sur le mesme serment par luy presté, il a dit et déposé qu'au temps il estoit à Madrid, passés soit environ cincq à six ans, il hantoit la maison d'un serrurier nommé Marc Salasar qui avoit à femme Ignès de la Peigne, et que lors et environ le mesme temps que l'archer et homme de l'église (dont il a ci-devant parlé) furent tuez, aussi fut ladite Ignès de la Peigne et sa maison pillée, et lorsque ledit Nicolas Chardin vint trouver le déposant à Normandel en France selon qu'il a dit en ses dépositions précédentes, iceluy Chardin luy tint quelque propos par lesquelz il a assez recogneu que le meurdre de ladite femme et le vol de sa maison furent faicts par lesdits Chardin et Thiébault Bailly.

D'advantaige ledit déposant nous a dit que combien que par ci-devant il pourroit avoir déclaré qu'il demeuroit à la Vergenne, toutesfois la vérité estoit qu'il n'y avoit pas eu son domicille, bien en estoit-il natif, et qu'après son voiage d'Espaigne dont il a ci-devant parlé, aucuns de ses parens (à présent trespassez) l'induirent d'entreprendre de tuer ou faire tuer le feu Roy de France, à quoy il s'accorda pour les grandz maux qu'il voioit advenir par le moyen dudit Roy, et s'estant accosté en Espaigne d'un Savoyard nommé Jehan Joffroy avec lequel il avoist tousjours faict camerade, ilz complotèrent par ensemble de faire ledit coup ; et à cest effet se transportèrent à Paris et y aïons esté trois jours, l'occasion se présenta par le moyen que le caroche du Roy fut aresté par quelques charrettes, et ledit Jehan Joffroy d'un cousteau qu'il avoit à cest effect, luy donna deux coups en la poictrine et du premier coup le sang saulta sur le monteau d'iceluy Joffroy, que fut cause que s'estant retiré en une petite rue auprès de là, il fut recogneu, arresté et depuis exécuté ; et combien que l'on luy ait donné nom de François Ravaillart néantmoins il avoit vraiement nom de Jehan Joffroy, lequel nom de Ravaillart il avoit prins afin qu'il fut tant mieux réputé pour françois, et ce par l'advis du déposant ; et avoit ledit cousteau dont le coup fut donné, esté achapté au bourg de Grange (1) au païs de Bourgongne ; et déclare ledit déposant que lors que ledit coup fut donné, il en estoit bien proche, mais on ne print point garde à luy et eut bien moyen de se retirer ; et depuis alla de place en place gaigner sa vie, et luy sembloit qu'il estoit charmé parce qu'il ne sçavoit sortir de France ; enfin arrivant au villaige de Normandel, il y print femme, et le curé dudit lieu avec quelques autres entrèrent en soupçon que le déposant avoit part à la mort du Roy de France et luy en firent quelque reproche, luy aïant quelque fois dit qu'il en fit autant au roy d'Espaigne ou aux archiducqz ou qu'il le fit faire par un autre. Et quelque temps après le déposant se transporta à Pleuvier en Gâtinois et y travailloit de son petit mestier, où lesdits Thiébault et Chardin le vinrent trouver et luy présentèrent un cousteau comme il a dit ci-devant et dès lors print résolution de se transporter par deça pour advertir S. A. tant de ce qu'estoit passé au regard du Roy de France (ce qu'il avoit faict pour le service de Dieu et de Sa dite Altèze), que pour l'adviser du desseing desdits Thiébault Bailly et Nicolas Chardin, mais qu'il se trouva encore comme charmé en sorte qu'il n'en sçavoit sortir jusque à ce qu'il print un homme auquel il donna une pièce d'argent qui le convoia jusque en deça Masière. Et dit de plus qu'il a esté en ceste ville cincq à six sepmaines cerchant tousjours moyen de faire sçavoir à S. A. ce que ci-dessus est dit, mais que n'en a trouvé l'occasion sinon depuis quelques jours en ça selon qu'il nous a ci devant déclaré ; qui est tout ce que nous sçauroit dire, et après lecture a persisté.

Du 24 de Novembre 1616.

Nous estans derechef transporté en la prison de la Steenporte et aïant mandé par devers nous ledit Servais Oudot, l'avons enquis s'il avoit oncques parlé au Prince de Condé ; a dit que environ cincq ou six mois auparavant la mort du Roy de France, comme il estoit en la cour du Louvre à Paris, le Roy y rentra en caroche avec le Prince de Condé et aultres, et aïant faict arrester ledit caroche ledit Prince de Condé appela

---

(1) Granges-le-Bourg, canton de Villersexel, arrondissement de Lure (Haute-Saône).

ledit déclarant et luy demanda qui l'avoit envoyé là, et sur ce qu'il respondit que personne, ledit Prince de Condé luy fit quelque signe, par lequel il luy donnoit à cognoitre que ce debvoit estre par charge ou du Roy d'Espaigne ou de l'Archiduc, et ledit respondant persista toujours que non ; par après le Prince de Condé dit qu'ilz (en faisant quelque signe sur le Pais bas) cognoissoient bien son espée et qu'ilz vouloient estre aussi bien maistres qu'eux et tenir l'Empire comme eux ; plus luy dit que s'il advenoit quelque faulte de quelqu'un d'eux, on s'en prendroit à luy respondant, et finallement luy dit « va-t'en travailler pour nous, » comme il fit depuis aux bastimens du duc de Suelly, audit lieu de Suelly, où il demeura jusques à ce qu'il allat trouver ledit Joffroy en Bourgongne pour faire le coup dont il a ci-devant parlé, lequel fut exécuté en sa présence selon qu'il a ci-devant dit. Interrogé s'il a faict ce que dessus par charge dudit Prince de Condé ; dit que non et que ne luy en a jamais parlé, et ce qu'il en a faict a esté pour le service du Roy d'Espaigne et de S. A.

Interrogé si quelqu'un l'a incité de tuer le Roy de France moderne ou la Royne sa mère ; dit que non et qu'à Dieu ne plaise qu'il eut entreprins chose semblable. Et après lecture a persisté.

ARCHIVES DU NORD. — CHAMBRE DES COMPTES DE LILLE. B. 2887.

Extraict de la déclaration et confession faicte par Servais Oudot, natif de La Vergenne, seigneurie de Gouhenans, bailliage de Vesoul au conté de Bourgongne au mois de Novembre 1616, lors prisonnier en la Steenpoorte de ceste ville de Bruxelles et présentement détenu au chasteau de Namur, et ce pardevant messire Guillaume de Steenhuys et François de La Groote respectivement conseillier et Secrétaire au Conseil Privé des Sérénissimes Archiducqz, commis par leurs Altesses à l'examination dudit prisonnier.

Du 17ᵉ jour dudit mois de Novembre.

Interrogé si lesdits Thiébault et Nicolas ne se sont adressez à luy à Fontainebleau en France, et ce qu'ilz luy ont lors dit ; respond que passez six ou sept ans ainsi qu'il estoit audit Fontainebleau, ledit Thiébault se vint adresser à luy et luy présentant un cousteau le voulut induire à tuer le Roy de France qui estoit bien proche d'eulx.

Enquis ce qu'il faisoit lors audit Fontainebleau ; dit qu'il y passoit aiant porté en France quelque petite marchandise, adjoustant (sur ce requis) qu'il ne voulut faire ledit coup.

Examiné s'il n'a demeuré à 22 lieues de Paris ; dit avoir demeuré à Verneuil au Perce, par l'espace d'environ un an, et qu'il en est sorty passez environ six mois, estant depuis allé par le pays pour gaigner sa vie à faire des cuislières et autres mesnaiges d'estein ; et que, passés environ six sepmaines, il estoit à la Vergerme où lesdits Thiébault et Chardin parlèrent à luy.

Examiné où il s'est marié ; dit audit Verneuil au Perce. Interrogé pourquoy il s'est party de sa demeure audit Verneuil ; dit que pour ce que lesdits deux personnaiges le tourmentoient tousjours à exécuter leur mauvais desseing, l'estans venu trouver à cest effect au villaige de Normandel au Perce.

Interrogé pourquoi il ne vint de là droit en ce lieu pour advertir Son Altesse du dessing desdits deux hommes ; dit qu'il estoit comme charmé et qu'il ne pouvoit sortir, bien que par après il vint à ladite Vergenne.

Enquis si lesdits Thiébault et Nicolas n'ont eu quelque complot avec sa femme pour le tuer ; a dit ne le sçavoir.

Examiné s'il n'a pas fait audit Verneuil ou Normandel quelque chose pour laquelle l'on avoit prins information contre luy ; dit que non, du moins qu'il sçache.

Interrogé si lors qu'il demeuroit à la Vergenne, lesdits Thiébault et Nicolas ne luy ont faict aucun tort ; dit que non, sinon qu'ilz l'ont tousjours recerché à faire cest acte malheureux et croit que s'ilz l'eussent trouvé, ilz n'eussent failly de le tuer s'ilz eussent peu.

Depuis ledit déposant nous a dit qu'il ne sçait point si lesdits Thiébault et Nicolas l'estoient allé cercher audit Normandel, bien dit-il que comme il travailloit de son mestier à Pleuvier en Gâtinois, il les vit passer deux ou trois fois pardevant le lieu où il estoit, sans qu'ilz luy aient lorz tenu aucuns propos, sinon entre les dents. Nous déclairant que depuis il n'a parlé à eux.

Sur quoy luy estant représenté qu'il a tantost dit qu'il avoit parlé à eux à la Vergenne passez six sepmaines, et que hier il a déposé que pour la troisièsme fois il leur avoit parlé passez trois mois ; a dit qu'il ne sçauroit que dire, sinon que la dernière fois qu'il a parlé à eux, ça esté audit Pleuvier en Gâtinois et que s'il ne se fust arresté en ladite ville, qu'il croit fermement qu'ilz l'eussent tué ; depuis nous a dit que ledit Nicolas Chardin et le fils Thiébault vindrent une fois audit Normandel avec une compaignie de soldatz, et que lors ledit Chardin avoit vestu la casacque de l'archer du Roy d'Espaigne dont il a ci-devant parlé, et que ce fut lors qu'il luy dit que ceste casacque n'estoit faicte pour luy.

D'advantaige ledit déposant nous a dit que le curé de Mouffans en Bourgongne sçait bien à parler des actions desdits Thiébault et Nicolas, mesmes du meurdre tant dudit Archer que de l'homme d'église de Bourgos. Qui est tout ce qu'il sçait et après lecture a persisté.

Du 19 Novembre 1616.

Ainsi que nous relisions ceste response à ce prisonnier, il a montré quelque mescontentement que nous sçavions à parler qu'il avoit demeuré à 22 lieues de Paris, disant que Bertran le nous debvoit avoir rapporté ; et après ladicte lecture achevée, Nous a demandé quand il pourroit sortir de ceste prison.

Sur ce que ledit Servais Oudot nous avoit fait dire par le concierge de la prison qu'il avoit oublié quelque chose qu'il désiroit de nous déclairer, Nous y sommes retournez et après avoir oy ledit Servais sur le mesme serment par luy presté, il a dit et déposé qu'au temps qu'il estoit à Madrid, passez sont environ cincq à six ans, il hantoit la maison d'un serrurier nommé Marc Salasar qui avoit à femme Ignès de la Pleigne, et que lors et environ le mesme temps que l'archer et homme d'église (dont il a ci-devant parlé) furent tuez, aussi fut ladite Ignès de La Pleigne et sa maison pillée, et lors que ledit Nicolas Chardin vint trouver le déposant à Normandel en France selon qu'il a dit en ses dépositions précédentes, iceluy Chardin luy tint quelques propos par lesquelz il a assez recogneu que le meurdre de ladite femme et le vol de sa maison furent faictz par lesdits Chardin et Thiébault Bailly. D'advantaigne ledit déposant Nous a dit que combien que par ci-devant il pourroit avoir déclairé qu'il demeuroit à La Vergerme, toutesfois la vérité estoit qu'il n'y avoit pas eu son domicile, bien en estoit-il natif, et qu'après son voiage d'Espaigne dont il a ci devant parlé, aucuns de ses parens (à présens trespassez) l'induirent d'entreprendre de tuer ou faire tuer le fut Roy de France, à quoy il s'accorda pour les grandz maux qu'il voioit advenir par le moyen dudit Roy, et s'estant accosté en Espaigne d'un Savoiard nommé Jehan Joffroy avec lequel il s'avoit tousjours fait camerade, ilz complotèrent par ensemble de faire ledit coup ; et à cest effect se transportèrent à Paris et y aians esté trois jours, l'occasion s'en présenta par le moyen que le caroche du Roy fut arresté par quelques charrettes, et ledit Jehan Joffroy d'un cousteau qu'il avoit à cest effect luy donna deux coups en la poitrine, et du premier coup le sang saulta sur le manteau d'iceluy Joffroy, qui fut cause que s'estant retiré en une petite rue prèz de là, il fut recogneu, arresté et depuis exécuté ; et combien que l'on luy ait donné nom de François Ravaillart, néantmoins il avoit vraiement nom de Jehan Joffroy, lequel nom de Ravaillart il avoit pris, afin qu'il fut tant mieux réputé pour françois, et ce par l'advis du déposant, et avoit ledit cousteau dont le coup fut donné, esté achapté au bourg de Grange au pays de Bourgougne ; et déclaire ledit déposant que lorsque ledit coup fut donné il en estoit bien proche, mais on ne print point garde à luy et eut bon moyen de se retirer ; et depuis alla de place en place gaigner sa vie, et luy semble qu'il estoit charmé par ce qu'il ne sçavoit sortir de France ; enfin arrivant au villaige de Normandel, il y print femme et le curé du lieu avec quelques autres entrèrent en soupçon que le déposant avoit part à la mort du Roy de France et luy en firent quelque reproche, luy aïans quelques fois dit qu'il en fit autant au Roy d'Espaigne ou aux Archiducqz ou qu'il le fit faire par un autre.

Du 24 de Novembre 1616.

Nous estans derechef transportez en la prison de la Steenporte et aïans mandé par devers nous ledit Servais Oudot, l'avons enquis s'il avoit oncques parlé au Prince de Condé ; a dit que environ cincq ou six mois auparavant la mort du Roy de France, comme il estoit en la cour du Louvre à Paris, le Roy y rentra en caroche avec le Prince de Condé et autres, et aïans fait arrester ledit caroche le Prince de Condé appella ledit déclarant et luy demanda qui l'avoit envoié là, et sur ce qu'il respondit que personne, ledit Prince de Condé luy fit quelque signe par lequel luy donnoit à cognoistre que ce debvoit estre par charge ou du Roy d'Espaigne ou de l'Archiduc, et ledit respondant persista toujours que non ; par après le Prince de Condé dit qu'ilz (en faisant quelque signe sur le Pays-Bas) cognoissoient bien son espée et qu'ilz vouloient estre aussi bien maistres qu'eux et tenir l'empire comme eux ; plus luy dit que s'il advenoit quelque faulte de quelqu'un d'eux, on s'en prendroit à luy respondant, et finalement luy dit va-t-en travailler pour nous, comme il fit depuis aux bastimens du duc de Sully, audit lieu de Sully où il demeura jusques à ce qu'il alla trouver ledit Joffroy en Bourgongne pour faire le coup dont il a ci-devant parlé, lequel fut exécuté en sa présence selon qu'il a ci-devant dit.

Interrogé s'il a fait ce que dessus par charge dudit Prince de Condé ; dit que non et qu'il ne luy en a jamais parlé, et ce qu'il en a fait a esté pour le service du Roy d'Espaigne et de Son Altesse Sérénissime.

Interrogé si quelqu'un l'a incité de tuer le Roy de France moderne ou la Royne sa mère ; dit que non, et qu'à Dieu ne plaise qu'il eût entreprins chose semblable.

Déclaration concernant Dujardin de la Garde.

Extrait du Tome I des pièces historiques et curieuses.

Mr le Teillier, avocat au Parlement de Roüen, âgé de 70 ans, homme de grande érudition, m'a raconté aujourd'hui 15 octobre 1664 à Roüen, qu'en l'année 1626, il avoit été Avocat pour un homme appellé du Jardin, natif de Roüen, fils d'un plâtrier demeurant en la rue de Notre-Dame, Paroisse de St-Maclou, lequel s'appelloit en son nom de guerre la Garde, et avoit été Gendarme de la Compagnie du maréchal de Biron, depuis décapité, et qu'il vendit sa maison au sieur Vallet, greffier de la vicomté de Roüen, qui est encore vivant et demeurant au Pont de l'Arche. Dit encore avoir appris de la bouche dudit la Garde, qu'il avoit connu l'abominable Ravaillac, Gendarme aussi de la Compagnie dudit Maréchal, et qu'après l'exécution et la mort du Maréchal, Ravaillac se mit au service de M. le duc d'Espernon.

Que ledit la Garde se trouva dans Naples, revenant de la guerre, et qu'il fut accosté de quelques réfugiez François, qui avoient été du parti de la Ligue, et entr'autres d'un nommé Charles Hébert qui avoit été secrétaire du maréchal de Biron, et vivoit là des pensions d'Espagne, aïant trempé dans la Conspiration du maréchal, l'aiant traité, et qu'il vit là à un dîner ce misérable Ravaillac, qui étoit habillé d'écarlate, et qui disoit être envoyé là de la part de M^r d'Espernon; qu'un certain jésuite nommé Alagon, oncle du duc de Lerme, lui parla du mal qu'Henri IV faisoit à la religion catholique, et du mérite qu'il y auroit à le tuer; (parole horrible à tout homme et surtout à un religieux); et que lui montrant Ravaillac il lui dit : Ce brave Cavalier promet de le tuer à pied. Oui, répondit ce pendard, en quelque lieu que je le trouve. Et vous, continua Alagon, il faut que vous entrepreniez la même chose à cheval; et quand vous aurez fait le coup, à la chasse ou ailleurs, gagnez St-Cloud et vous retirez chez Mademoiselle......

M^r le Tellier continua de me dire le reste, qui étoit dans le Factum du dit la Garde, imprimé en 1619 que j'ai lu et que je lui ai rendu.

Que la Garde connaissant le péril où il étoit parmi ces conjurateurs, dissimula en demandant tous les moyens d'exécuter cela, et que se retirant chez lui, il fut devant le jour le lendemain découvrir le tout au seigneur Zamet, frère de M. Zamet, fort aimé d'Henri IV, lequel, par la poste de Rome, en avertit son frère.

Que le dit la Garde s'évada, passa à Rome et en avertit Mr de Brèves, pour donner avis au Roi de se donner de garde et pour figurer (donner le signalement) Ravaillac.

Que le dit la Garde vint à Fontainebleau trouver le Roi, lui parler et lui tout découvrir; que le Roi se moqua de cet avis, et dit qu'il rendroit ces gens là si petits, parlant des Espagnols, qu'il n'auroit pas sujet de les craindre; car alors le Roi étoit sur le point d'entrer en Flandre. Et ensuite il commanda à la Garde de suivre le Grand Maréchal de Pologne, qui s'en retournoit, auquel il le recommanda, et le chargea de quelque commission.

Que la Garde alla donc à la suite du grand maréchal de Pologne.

Que le dit la Garde aïant longtemps porté les armes en Hongrie et en Allemagne, parloit bien allemand.

Qu'au retour, passant au long de Metz, il apprit la mort de ce Grand Roi, tué par cet abominable Ravaillac; que sur le champ il s'éclata en cris et fondit en larmes, et se découvrit de la conjuration de Naples et du peu de compte qu'on avoit tenu de ses avis.

Qu'à une journée de là il fut attaqué par une troupe de la garnison de Metz, dont Mr d'Espernon avoit recouvré la citadelle aussitôt après la mort du Roi, et que le dit la Garde fut percé de plus de 20 coups et laissé pour mort dans un fossé.

Qu'il se retira de là et se traîna avec ses blessures demi-mort, et vint à Paris, se traînant d'un lieu en un autre.

Qu'à Paris, aïant ouvertement parlé de cette conjuration, ceux qui gouvernoient en ce temps-là, lui donnèrent un office de contrôleur des bierres; qu'après cela il fut arrêté et mis à la Conciergerie, interrogé 40 fois par deux Conseillers du Parlement, sans pouvoir obtenir arrêt de décharge; qu'enfin après cinq ou six ans de prison, il fit imprimer le Factum contenant tout ce que dessus, dont il fit tirer 1,400 exemplaires, afin que par la publication de cette pièce on l'élargit, ou qu'on l'acheva de le juger.

Qu'un exempt des Gardes du Roi le vint tirer de là, et que le Roi Louis XIII lui donna un brevet de 600 livres de pension, dont il jouïssoit encore en 1626 et en montra le brevet audit le Tellier.

Bibliothèque de Lille. — Fonds Godefroy.

Divers avis de la mort du Roy Henri IV, particulièrement de Flandres, Brabant et Cologne avant qu'elle fût arrivée; ces avis recueillis par le sieur de Villers-Hotman (1), *lors agent pour le Roy en Allemagne.*

1. Au mois d'Octobre 1609, je donnay avis en parlant avec le baron de Frentz, lors ambassadeur des Archiducs de Brabant vers ces deux princes (l'électeur de Brandebourg et le comte de Neubourg), touchant le bruit qui

(1) Jean de Villers-Hotman, fils du célèbre jurisconsulte François Hotman, maître des requêtes de l'hôtel du roi de Navare, puis du roi de France Henri IV, envoyé par ce dernier en Allemagne pour y négocier avec les princes protestants, mission dont Hotman fut aussi chargé sous Louis XIII, et dont il s'acquitta à la pleine satisfaction de ces souverains. Sans se convertir, lors de l'abjuration de Henri IV, il tenta de nombreux efforts pour amener la réunion des catholiques et des protestants. On a de lui plusieurs ouvrages, entre autres un livre intitulé : *De la charge et dignité de l'Ambassadeur.*

couroit, que le Roy envoiroit un puissant secours ausdits Princes. Il me dit : « Le roy s'en pourroit bien repentir. » Le même soir un des siens dit à mon homme sur ce sujet, on taillera tant de besogne au Roy et à la France qu'il se repentira d'avoir assisté les hérétiques. Mon homme est Charles Weidner du pays d'Autriche que Madame de Bouillon Maulevrier m'avoit donné pour me servir en ce voyage.

2. Estant M^r le Comte de Tollern de retour de Sa Légation de France, un sien secrétaire, natif de Cologne, dit à quelques uns qui luy parloient de l'assistance que le Roy avoit promise à ces princes : « Il n'oseroit, ses sujets catholiques le feroient mourir. » Le sieur Grante, gendre de Jean Facin et bourgeois de Cologne, assure l'avoir ouy de la bouche dudit secrétaire.

3. Est vray que 8 ou 10 jours avant la nouvelle de la mort dudit Roy, le bruit qu'il avoit esté tué ou le seroit, courut tant à Cologne qu'à Juilliers, Dinan et par tout ce pays et ce bruit par ceux tant seulement qui venoient ou écrivoient de Bruxelles, Anvers et Malines.

4. La lettre que Fleekhammen, secrétaire de l'Archiduc Albert, écrivoit par commandement de son maître à l'Archiduc Léopold, de Bruxelles, du 17 de may, portoit entre autres choses ces mots : « De quoy j'ay eu commandement de donner avis à Votre Altesse, parce que le fait pourra être conté diversement et qu'il en arrivera des changements et révolutions partout. »

5. Un jeune homme de Clèves, neveu du beau-père du S. Stengen, conseiller de Brandebourg, dit qu'un bourgeois d'Anvers écrivoit à son fils demeurant à Venloo : « J'ay toujours attendu à vous écrire pour vous mander la certitude de la nouvelle de la mort du Roy de France dont on avoit parlé icy incertainement il y a quelques jours. »

6. Le sieur de Souffeld de Wittenhorst du pays de Clèves assura à M. de Boissise en pleine table à Clèves que le bruit en estoit fort constant à Bolduc (Bois-le-Duc) quelques jours auparavant.

7. Le sieur Kneppenberg, écuyer de la cuisine desdits Princes, dit au maître d'hôtel de M. le prince d'Anhalt (1), qu'environ 12 ou 15 jours avant ladite nouvelle, un gentilhomme du parti de Léopold, luy avoit dit que dans peu de jours, on entendroit une nouvelle qui seroit ou la perte ou le gain de la cause de ces princes ; depuis ledit écuyer eut bien voulu s'en dédire, comme sçait M. de Boissise qui lors y apporta toute diligence pour en sçavoir la vérité.

8. Le sieur de Wylern, gentilhomme allemand, natif de Berlin, étant à

_____
(1) Jean-Georges Ier.

Paris lors de l'assassinat du Roy, dit avoir veu et leu es mains de M. le Vice-admiral de Hollande. qui pour lors estoit à Paris, une lettre d'Anvers du 13 portant nous avoir icy advis que le Roy auroit été tué d'un coup de couteau, cette lettre fut montrée au jeune marquis d'Anspach et à son maître d'hôtel et à son hoste à Paris au logis ou pend pour enseigne la Ville d'Anvers, rue Saint-Martin.

9. Le jour de la Pentecoste 1610 (30 mai) plusieurs de Cologne venant au presche à Dusseldorf, dirent tout haut et à plusieurs personnes que l'assassin avoit été à Cologne et que le couteau y avoit été forgé, mais sans auteur certain.

10. Peter Adrian, messager et bourgeois de Cologne, dit que pour l'absence d'une personne qui est comme il étoit en Allemagne maintenant, il ne peut encore assurer ny vérifier ce qu'il luy a ouy dire que quelques semaines avant la mort du Roy, ledit assassin avoit été à Cologne et nommé la maison.

11. Lettre d'un bourgeois d'Anvers nommé Gaspard Charles, écrite au bourgmestre Roland, de Cologne, du 12 may, que le Roy avoit été tué d'un coup de couteau, ce que j'ay sceu par lettres à moy du Sr Venturin, banquier de Cologne, du 9 juin et 2 juillet, lequel assure lesdites lettres luy avoir esté montrées et puis après refusées, lorsqu'il demanda de rechef à les voir.

12. Autres lettres de Bruxelles du 13 may audit Lonnemberg, de Cologne, que le curé de St-Cunebert dit au Sr de Langlebert, conseiller de Brandebourg et à moy avoir veues sur ce même sujet.

13. Autres lettres d'Anvers ou Bruxelles aussy du 12 may d'un banquier italien au sieur Hiéronimo Corbolani aussy banquier italien demeurant à Cologne ; mais prié par ses amis de dire de qui étoient lesdites lettres, ne le voulut déclarer ; mais le Sieur Venturin et le Sr Lanterbard assurent les avoir leues.

14. Autre lettre écrite à Henry Smyd, marchand de Cologne, qui dit franchement luy avoir été écrite de Malines par son fils le 12 may que le bruit en étoit à Malines.

15. Les Srs Belts, Resseteau, Fassin et autres marchands de Cologne assurent avoir veu plusieurs fois à la Bourse ou place publique de Cologne un jeune homme de Boleduc (Bois-le-Duc), duquel ils ne sçavent le nom, lequel peu de jours avant la nouvelle certaine de l'assassinat du Roy disoit tout haut en contestant que si le Roy n'estoit tué qu'il le seroit ; deux jours après mon arrivée à Cologne, ce jeune homme ne fut plus veu.

16. Au logis de Godenan, commissaire des vivres pour l'archiduc Léopold à Cologne, se disoit de même que le Roy ou étoit ou seroit tué.

17. Mr le Baron de Batenborch, seigneur qualifié et beau-frère de Mrs de Plessen, et de Kerler, qui se tient d'ordinaire en une de ses maisons près Maestricht, assura au sieur de Plessen que, le 15⁰, ses gens et villageois étans allez au marché dudit Maestricht ouirent ès tavernes et boutiques, que le Roy avoit été tué d'un couteau ; il dit, en outre, que au même temps aucuns revenans de Bruxelles disoient tout haut que le Roy étoit ou seroit tué.

18. Un jeune soldat nommé Edoard Leacke que le Sr Griffin Markant, dit être fils d'un chevalier anglois, étant arrivé en cette ville le 21 May, dit et assura qu'aucuns jours avant le 14 les Espagnols à Bruxelles disoient à l'oreille l'un de l'autre : « il est mort. »

19. Un marchand de Cologne nommé M... dit avoir lettres de Metz que l'assassin avoit touché 2,000 livres.

20. Les docteurs Broelman et Calevius qui ont charge de la consultation que faisoit faire à Cologne Madame de Bouillon Maulevrier, disent que le 16 may Mr le comte de La Marck partit dudit Cologne pour s'en retourner, et que tous crioient que ledit Sr Comte avoit aussy un avis comme les autres de la mort du Roy, d'autant que le bruit en étoit tout constant audit lieu ce même jour ; néantmoins est certain qu'il n'en avoit pas ouy parler.

21. Le Sr Resseteau, marchand flamand demeurant à Cologne, dit que trois jours auparavant le 14, un masson travaillant en son logis assuroit avoir ouy dire au *Dom* (qui est la grande église) parmy les gens d'église que le Roy avoit un coup de couteau à la gorge ; un prêtre de Cologne a dit le même à un tailleur comme l'assure Jean Wandera, lequel depuis est allé avec sa famille demeurer à Amsterdam.

22. Un écolier de Cologne qui enseigne le latin à un jeune banquier nommé Thomas Genoini dit audit Genoini et à la femme du Sr Venturin, chez lequel il étoit logé, que l'on tenoit pour assuré parmy les prestres et écoliers de Cologne que le Roy étoit ou seroit tué ou empoisonné et ce plusieurs jours auparavant.

23. Les gazettes d'Italie par trois ou quatre ordinaires depuis la mort du Roy ne font difficulté d'attribuer le fait aux Espagnols, disant qu'ils en ont fait des réjouissances extraordinaires, et que la première nouvelle en étoit venue d'Anvers, même que l'assassin avoit autrefois demeuré à Bruxelles, y avoit pris femme et y avoit été peu devant l'assassinat ; à la Haye se sont veues lettres de même sujet écrites tant à Anvers qu'à Cologne peu de jours avant la mort du Roy.

24. Jean Mareschal, marchand flamand, demeurant à Cologne, dit avoir eu lettres qu'à Tournay et à Lille en Flandres, le bruit y étoit tout com-

mun, et qu'à Bruxelles on faisoit peu avant la mort du Roy prières pour un qui étoit allé faire un voiage d'importance pour le bien de la chrétienté.

25. Le S' Trembul, agent du Roy de la Grande-Bretagne à Bruxelles, écrit du 14 juin et 12 juillet 1610, qu'à Bruxelles s'en est fait une joye extraordinaire, bien que non publique, disant que c'estoit un coup du Ciel qui avoit diverty un grand orage, et que la nouvelle en étoit toute commune avant le 14 may, mais qu'à la vérité, il ne pourroit encore découvrir si l'assassin ou sa femme avoit été ou demeuré à Bruxelles.

26. M de Plessen dit avoir veu lettres de Prague, que Taxis, maître des Postes, par la caresse qu'il fit au courrier qui apportoit la nouvelle de cette mort et par autres signes, témoigna assez qu'il attendoit une semblable nouvelle et fit festin à ses amis ; cecy est confirmé par autres avis à M. le Prince d'Anhalt, ainsy que m'a dit, non une seule fois ledit Prince.

27. Le jeune homme de Lubeck qui a donné le démenti à un moine jacobin, preschant à Sainte-Marie-du-Mont, à Cologne, que l'assassin étoit allé droit au paradis comme un martyr, dit, en outre, qu'il avoit ouy plusieurs jours auparavant deux jeunes prestres faire gageure l'un autre l'autre que le Roy étoit ou seroit tué, mais dit ne savoir les noms desdits prêtres.

28. Lettres de La Haye du 28 Juin 1610 au S' de Belderberck portant ces mots l'exemple de France convie le Roy d'Angleterre à se tenir sur ses gardes, car on tient pour certain que le massacre de ce grand Roy a été pratiqué à Bruxelles par l'entremise de ces diaboliques meurtriers.

29. M' de Chatillon (1) repassant à Bruxelles le dimanche après cet assassinat, étonné d'ouïr le marquis Spinola assurer que le Roy avoit été tué, s'ébahissant ledit marquis que ledit S' de Châtillon n'en savoit rien.

30. Plusieurs bourgeois des plus notables de la ville de Cologne assurent que les deux ou trois premiers jours de cette triste nouvelle, ceux du magistrat firent festins et réiouissances domestiques ; autant en ont fait ceux du magistrat d'Aix, disant : courage, le Dieu des gueux est mort ; aussy l'un et l'autre magistrat ont favorisé et assisté le party de Léopold contre les princes protestans possédans.

31. M' de Boissise de Winvood et moy nous promenans y a un an au

---

(1) Ce personnage est peut-être Claude Chastillon, ingénieur français, topographe de Henri IV, célèbre par l'habileté avec laquelle il levait et dressait les plans. Il voyagea beaucoup et recueillit dans ses pérégrinations plus de 900 plans ou vues de villes, châteaux, batailles, qui furent publiés plus tard sous le titre de : *Topographie françoise ou représentation de plusieurs villes, bourgs, chasteaux, forteresses, vestiges d'antiquité*, etc.

cloître des Jacobins à Cologne, nous fut montré le moine que l'escolier avoit démenty au sermon dont est question ; lequel nous voyant changea de couleur et y a des bourgeois de Cologne qui sans s'accorder autrement avec les paroles rapportées par ledit écolier, disent néantmoins que le sermon avoit été fort séditieux contre les hérétiques et sont deux autres écoliers à Dugsbourg qui attestent avoir ouy du moins les mêmes paroles qu'a rapportées et certifiées celuy de Lubeck.

J'ay sceu depuis après par personnes dignes de foy qu'environ huit jours avant la mort du Roy, un capitaine italien étant en garnison à Maestricht dit en pleine table en présence de deux bourgeois d'Aix : « S'il n'est mort, il mourra comme un chien. »

Depuis après ladite mort tombèrent es mains de M. le Prince d'Anhalt lettres du sindic de la ville d'Aix portans ces mots : « L'Église a sujet de se réjouir puisque le grand fauteur des hérétiques a été tué comme on nous l'assure de toutes parts. »

Tout ce que dessus sert du moins à faire voir que ce méchant assassinat a esté concerté et sceu en Flandres et Brabant et que ceux de Cologne et Aix en ont eu des nouvelles des premiers et s'en sont réjouis l'appelant coup du ciel.

HOTMAN VILLIERS.

Lille Imp. L. Danel.

www.ingramcontent.com/pod-product-compliance
Lightning Source LLC
LaVergne TN
LVHW021002090426
835512LV00009B/2024